# 傷ついた身体、砕かれた心

アムネスティ・インターナショナル編

Broken bodies, shattered minds
Torture and ill-treatment of women
(AI Index: ACT 40/001/2001)

by
Amnesty International
Copyright © Amnesty International Publications 2001

Cover photo: © Jenny Matthews/Network

# 目次

| | |
|---|---|
| はじめに | 4 |
| 序章 | 6 |
| 　　　私人間における拷問 | 9 |
| 第1章　家庭や地域での女性に対する拷問 | 15 |
| 　　　家庭：恐怖の場 | 16 |
| 　　　売買される女性 | 21 |
| 　　　地域社会における虐待 | 25 |
| 第2章　女性が拷問から自由になる権利を保障できない国家の怠慢 | 28 |
| 　　　法改正をしない怠慢 | 31 |
| 　　　捜査をしない怠慢——警察のジェンダー・バイアス | 36 |
| 　　　起訴および処罰をしない怠慢——裁判所のジェンダー・バイアス | 38 |
| 　　　救済に対する社会的・文化的障害 | 42 |
| 第3章　政府職員または武装勢力による拷問 | 46 |
| 　　　拘禁中の女性に対する拷問 | 48 |
| 　　　武力紛争下における女性に対する拷問 | 51 |
| 第4章　勧告 | 61 |
| 第5章　あなたにできること | 70 |
| 注釈 | 72 |
| 『傷ついた身体、砕かれた心―女性に対する暴力と虐待』解説……戒能民江 | 76 |

# はじめに

佃 未音(社団法人アムネスティ・インターナショナル日本
ジェンダーチーム・コーディネーター)

　アムネスティ・インターナショナルは、2000年10月から全世界的に「拷問廃止」のためのキャンペーンに取り組んできました。アムネスティが、「拷問廃止」のためのキャンペーンを行なうのはこれで3度目となります。最初のキャンペーンは1972年でした。まだ「拷問」とはいったいどういうことなのかまったく知られていない中で、世界で初めて拷問に関する報告書を発表し、世界中にセンセーションを起こしました。2度目のキャンペーンは1984年に行なわれました。このキャンペーンでは、ひどい拷問の状況に対し、何らかの法的枠組みを作ろう、という目的がありました。多くの他のNGO団体との協力の結果、同じ年の12月に国連で「拷問等禁止条約*」が採択され、拷問廃止に向けた国際協力体制を作ることに、貢献できたのです。
　そして、昨年から展開している3度目のキャンペーンの目的は、「拷問等禁止条約のさらなる発展」です。条約が制定された当初、「拷問の被害者」として条約上想定されていたのは、「政治的信念を貫いたため、不当に投獄され拷問される"大人の男性"」でした。残念ながら、もともと社会的弱者である子ども、女性、そして様ざまな性的アイデンティティを持つ人びとは想定されていなかったのです。理由は、大きく分けて二つあります。
　一つ目には、条文の中に私的領域での虐待行為(私人による暴力)を拷問だと明言している個所がないことです。社会的弱者の被る虐待行為は、ほとんどが家庭や地域などの私的領域で起こります。日本でもそうであるように、世界的にも「民事不介入」だとして、"痴話げんか"や"いたずら"などの"大したことのない暴力"として片づけられていました。
　二つ目には、「拷問」だと定義されている公的領域での虐待行為(公務員による暴力)についても、警察官や刑務所職員が拘禁されている女性に対して行なう強かんになると、単なる私的な暴力に成り下がってしまい、女性への電気ショックは「拷問」だが、強かんは「拷問」ではない、といったような奇妙な区分けがなされていたことです。強かんは何かと言えば、男性を苦しめるために、

## はじめに

目の前で彼の妻を強かんする、といったような"男性への精神的拷問"の道具の一つにすぎず、「女性への性的拷問」とは理解されなかったのです。

アムネスティが3度目の拷問廃止キャンペーンの中で徹底的に取り組んだのは、こうした私的領域で起こる暴力も、公的領域で起こる拷問と同じ、またはそれ以上の残虐さと加害性を持ち、それはもはや「拷問」である、ということでした。本書のタイトルはわかりやすく「女性に対する暴力と虐待」となっていますが、原題は「女性に対する拷問と虐待」としており、DV（ドメスティック・バイオレンス）や性的搾取、セクシュアル・ハラスメント、性的虐待、紛争下における性暴力、FGM（女性器切除）などは"女性に対する拷問"であり、"拷問等禁止条約に反する行為"であることを明言した画期的な報告書です。

本書におけるアムネスティからの提言は、国内で女性への暴力問題に取り組んでいる人びとにとって、国際的観点から女性への暴力を廃止する礎となることでしょう。また、様ざまな暴力に悩んでおられる方も是非この報告書をお手にとって読んでいただき、自分が受けている暴力は決して内輪の、家庭的な問題ではなく、国が全力をあげて対処しなくてはならないような拷問なのだということを、知ってください。

最後になりましたが、翻訳をお引き受け下さいました翻訳者の方々、校正や表紙のデザイン、そしてジェンダーチームのロゴを考案してくださった方々、その他ご協力くださった方々に心から感謝とお礼を申し上げます。とりわけ、監訳と解説のご執筆をお引き受け下さった戒能民江先生には、格別の感謝をささげます。

なお、アムネスティ拷問廃止キャンペーンの情報は、インターネットでも公開しておりますので、興味のある方はご参照下さい。

http://www.amnesty.or.jp/stoptorture/

\*「拷問等禁止条約」（拷問および他の残虐な、非人道的なまたは品位を傷つける取扱いまたは刑罰を禁止する条約）について、詳しくお知りになりたい場合は、アムネスティ・インターナショナル（編）『拷問等禁止条約　NGOが作った国際基準』（現代人文社、2000年、定価945円）をご参照ください。

# 序　章

「彼女は目に涙を浮かべて帰宅しました。3、4人の兵士に強かんされたと言って、長い間泣いていました。どうして本当のことを言わないの？　みんな同じ目にあっているのは知っているのよと口にしました」――コソボ、スヴァレカの女性(1999)

「私は首の下に濡れたスポンジを当てられて、電源につながれた板の上に寝かされました。そして数時間にわたって繰りかえし電気ショックを加えられました。……その後、別の台に寝かされました。……彼らは警棒を手にして、『ひざまずけ』と命令しました。その警棒を私の肛門にゆっくりと挿入させると、突然私を押さえ込んで、無理やり警棒の上に座らせるような姿勢を取らせました。血が流れ出しました。……連中の一人が馬乗りになって、私は強かんされました」。――1996年末、ゼイネプ・アウチを拷問したとされるトルコの警察官は起訴されなかった。

　Gさんは、15歳のとき、両親によって農場のローンの返済援助と引き換えに、近所の男性の妻にされた。そこでは毎日のように夫に強かん、殴打された末に、入院が必要なほどの傷を負わされた。Gさんは二度警察署に駆け込んで保護を求めたが、「家庭内の問題だから何もしてやれない」と言われた。彼女は20歳のとき、二人の子どもを連れて逃げ出したが、両親と夫に見つかってしまった。そして母親に押さえつけられ、夫に棒で叩かれた。子どもは夫が連れて行ったので、それ以来会えないでいる。Gさんは米国に逃れ、難民申請をした。2000年のある日、移民局審判官は彼女の代理人に、申請者に対してエルサルバドルへの送還を命じるつもりだと述べた。

　これまでに紹介した、戦争で疲弊したヨーロッパのある村の女性、トルコの警察に拘禁された若いクルド人女性、暴力を受けて米国に保護を求める中米の二児の母親。外見的にこの3人は、ジェンダー（文化的・社会的性別）と被害状況を除いて、相互に関連性が乏しいように見える。つまり、被害者の出身国も生活している社会も異なるうえ、加害者の背景もバラバラなのである。

©Hazir Reka/Reuters/Popperfoto

マケドニアのステンコヴェク難民キャンプに滞在しているコソボ出身のアルバニア人女性。1999年3月から6月にかけて、約85万人のアルバニア人がコソボから逃げ出したり、追い払われたりしたが、その大部分は女性と子どもだった。難民たちは恣意的拘禁、「失踪」(56頁囲み参照)、(強かんを含む)拷問、殺害などの重大な人権侵害から逃れようとしていた。

この3つの事例に共通することと言えば、3人の女性すべてが、拷問の被害を受けたことである。3人とも虐待されただけでなく、国家から黙殺されたり、無関心な対応をされたり、といったことをも耐えなければならなかった。3件とも、加害者の男性は犯罪に対する責任を免れた。そして、いずれの場合でも、国家は身体的・性的虐待から女性たちを保護するのに必要な基本的措置を講じることを怠った。それゆえに、加害者が兵士であろうと警察官であろうと、あるいは暴力をふるう夫であろうと、国家には、このような女性たちがじっと耐え忍んできた被害に対する責任の一端があるのだ。

　女性に対する拷問は、男性と平等である女性の権利を否定する世界的な文化や慣習に根ざすものだ。そればかりか、その文化や慣習は、個人的な満足や政治的な目的のために、女性の身体に暴力を加えることを正当化している。世界中の女性団体や人権活動家たちは、虐待を防止し、虐待と闘い、女性に対する平等の権利をさらに向上させるために、この数十年間果敢に奮闘してきた。多くの国ぐにで彼らは、飛躍的な前進を勝ち取り、国際的にも人権を議論する場に画期的な変化をもたらした。他方、女性の権利を擁護するために世界中の女性たちが築き上げた数かずの成果があるにもかかわらず、世界各地の女性たちは、収入や所有財産が男性よりも少ないだけでなく、教育を受ける機会、就労の機会、医療を受ける機会のいずれも男性より少ない。政治的にも経済的にも女性が男性と完全に平等であることを認めない差別が、相変わらず幅広く浸透している。

　女性に対する暴力[1]は、このような差別の土壌に起因し差別を強化していく。女性が拘禁中に虐待されるときでも、「戦利品」として軍隊に強かんされるときでも、家庭で暴力の恐怖にさらされるときでも、男女間の不均衡な力関係は歴然としており、しかも暴力によって強化される。女性に対する暴力は、人種、民族、性的指向、社会的な地位や階層、年齢を理由とする差別によりいっそう深刻な影響を与える。このような複合差別が起こると、女性の選択の幅はますます狭くなり、女性が暴力の対象になりやすくなり、さらに、被害者が救済を受けることをますます困難にする。

　このような暴力行為の加害者は、警察官、刑務所職員、兵士など公務員の場合もあれば、あるいは反政府武装集団のメンバーの場合もある。しかし、女性が日常生活で直面する暴力の多くは、家族や同じ地域の住民、職場の雇い主な

ど、生活の場を共有している人びとの手によるものである。女性に対する支配のために男性がふるう暴力には、一貫性が見られる。

アムネスティ・インターナショナルは、拘禁中に女性が拷問された多くの事例を記録してきた。武力紛争の事例を扱った際には、性暴力が武器として組織的に用いられていることを報告してきた。1997年以来アムネスティは、私人による虐待の調査を行なっている[2]。アムネスティは人権という観点から女性に対する暴力に取り組み、国際人権法のもとでは公務員が直接手を下したものであれ、公務員の扇動によるものであれ、私人によるものであれ、国家には女性を暴力から守る責任があると主張している[3]。この報告書では、拘禁中であれ、家庭内であれ、女性に対する暴力が拷問に相当する状況を分析している。拷問廃止キャンペーンの中でも、アムネスティは拷問行為が起こる背景が何であるか、また加害者が誰であるかにかかわらず、国家には女性へのすべての拷問行為に対する責任があるとの立場をとっている。

## 私人間における拷問

国際人権条約は国家の行動を規制し、国家権力の行使に制限を加えるだけでなく、人権侵害を防止するための措置を講じるよう各国に求めている。拷問の発生場所、および加害者が公務員であるか私人であるかにかかわらず、国家には国際法に基づいて拷問を禁止し、防止し、拷問が起きた場合にはそれに対処するために、積極的に対策を講じる義務がある。

市民的および政治的権利に関する国際規約（自由権規約）は、拷問または虐待を受けないことを「保障する」ように各国政府に求めている。同規約の履行を監視する専門機関である自由権規約委員会は、「公的な資格で行動する者であれ、公的な資格外で行動する者であれ、あるいは私的な資格で行動する者が加えたことであれ、締約国は第7条で禁止される行為（拷問と虐待）を防止するために必要な立法上、その他の措置を通じて、すべての者を保護する義務がある[4]」とする。

拷問等禁止条約は、「公務員の扇動、または同意もしくは黙認のもとで」加えられる拷問行為に対して、国家の責任を明確に定めている。

欧州人権裁判所は、国家には私人によるものを含めて、個人が拷問と虐待の

2000年10月、ドメスティック・バイオレンスに抗議する人びとが、アメリカ・ボストンの州議事堂の周りに集まった。デモ参加者の女性たちによれば、プラカードには昨年ドメスティック・バイオレンスによって亡くなった女性たちの名前が書かれている。

被害に遭わないための措置を講じる必要があると明言している。1998年同裁判所は、養父に杖で殴打された9歳の少年に対して、英国の国内法は適切な保護を与えなかったために、英国が拷問と虐待を禁止している欧州人権条約第3条に違反していると指摘した[5]。

人権条約は「生きている法規」であり、日々に進化し発展している。国連などの政府間機関もまた、国内の裁判所と同じように政府による国際条約の履行を監視しているが、その決定は、どのような行為が拷問に相当す

### 拷問等禁止条約

第1条　この条約の適用上、「拷問」とは、身体的なものであるか精神的なものであるかを問わず、人に重い苦痛を故意に与える行為であって、本人もしくは第三者から情報もしくは自白を得ること、本人もしくは第三者が行なったかもしくはその疑いがある行為について本人を罰すること、本人もしくは第三者を脅迫しもしくは強要することその他これらに類することを目的としてまたは何らかの差別に基づく理由によって、かつ、公務員その他の公的資格で行動する者によりまたはその扇動によりもしくはその同意もしくは黙認のもとに行なわれるものを言う。「拷問」には合法的な制裁の限りで苦痛が生ずることまたは合法的な制裁に固有のもしくは付随する苦痛を与えることを含まない。

るのかという解釈を絶えず改善し、発展させている[6]。世界的な女性運動の努力のおかげで、一定の状況のもとでは、私人による暴力行為も拷問に含まれることがいっそう理解されるようになっている。

　女性に対する暴力行為は、それらが、国際基準で拷問とされた性質と過酷さを持っており、国家が適切な保護を行なう責務を果たしてないときに「拷問」となる。

**深刻な被害**
　女性が私人から加えられる被害は、公務員に拷問を受けた女性の被害と同様に深刻であると言ってよい。家庭内で繰りかえし殴打されれば、肉体的にも心理的にも長期的なダメージを及ぼすことになる。女性はどこで被害に遭おうとも、強かんによって心身に傷を負う。医療問題としては、心的外傷、身体の傷害、望まない妊娠と不妊、致命傷になりかねない疾患が含まれる。

**故意に加えられる暴力行為**
　家庭や地域社会では、多くの虐待は故意に行なわれる。また、そのような虐待は拘禁施設での拷問と類似した理由で行なわれることが多い。拘禁施設での拷問は自白を引き出す目的で用いられるだけでなく、被害者に心底から恐怖心を与えたり、被害者の固い決意を打ち砕き、懲罰を加え、加害者の力を見せつけるためによく用いられる。家庭や地域社会での拷問行為の目的も同じ性格を持つ。加害者は女性を脅して服従させるか、服従しないために一族の面目をつぶしたかどで女性を罰しようとする。

**国家の責任**
　家庭や地域社会で女性に暴力を加える者が私人であるからと言って、国家はそのような暴力行為の責任を免れるわけではない。
　国際法のもとでは、民間人――政府や政府機関外で活動する個人および団体――が犯した人権侵害に対して、国家は明らかに責任がある。国際的には、国家は一定の方法で責任を問われる。国家が非国家の行為者と関係がある場合には、人権侵害を犯した責任を問われる。また、人権侵害を防止もしくは対処するための妥当な措置を怠った責任が問われることもある。国家が責任を問われ

る状況は多岐にわたる。これに含まれるのは、共謀、同意、黙認のほか、私人による虐待を防止し処罰するために当然払うべき努力を怠る、平等な保護を与えない、などである。これらすべての状況で、国家は女性に対する暴力の存続を容認している。本書で「国家が保護を怠る」と言うときには、共謀、同意、黙認に加え、当然の努力を怠っていることまでを指している。

## 当然の努力

当然の努力とは、国家が個人を人権侵害から保護する責任を果たすために取り組まなければならない努力範囲を指す。国連女性に対する暴力特別報告者は、「……国家が私人による個人の権利侵害に対して制度的に保護を提供できない場合、その国家は共謀していると見なすことができる」と断言している[7]。当然の努力とは、虐待を防止し、虐待が起こった場合には捜査を行ない、加害者とされる者を起訴し、公正な手続で裁判にかけるとともに、被害者に対しては損害賠償金と救

1996年、イラク・クルディスタン（クルド人自治区）で、カヤル・キドルは、妊娠中に彼女の夫の親族によって監禁された。
彼らは、彼女の妊娠を不倫によるものだと責め立て、鼻をそぎ落とし、子どもが生まれたら殺してやる、と言った。
彼女は病院で治療を受けた後、逃げ出し、スライマニヤ市内の女性のための避難施設で保護された。その後、人権擁護活動家の手引きで、カジャルは国外に避難し、亡命を許された。

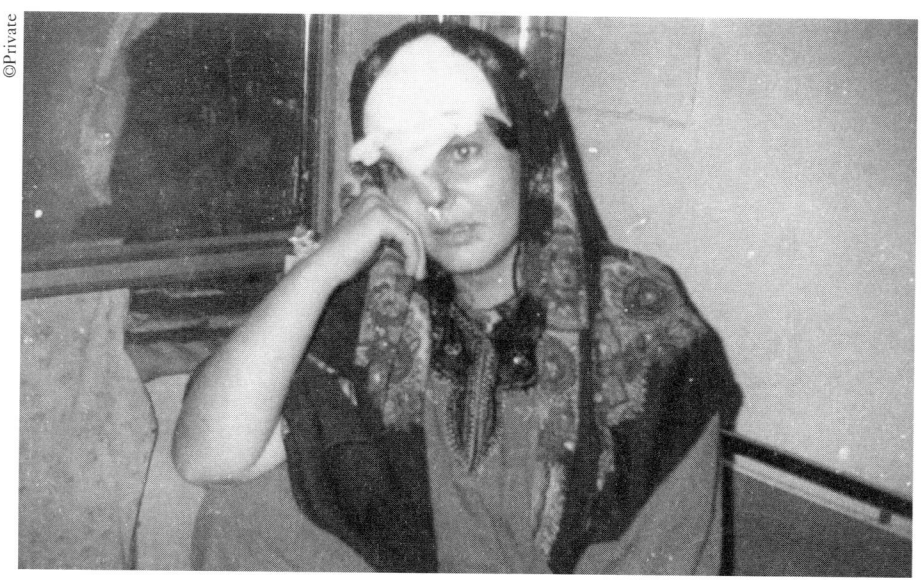
©Private

済策を含む十分な補償を確保することである。それはまた、あらゆる種類の差別が介在することなく裁判が行なわれるよう保障することでもある。

当然の努力という基準は、地域間人権裁判所である米州人権裁判所で明文化され、適用された。同裁判所は「人権を侵害する違法行為で、初期の段階では国家に直接的な責任がない行為（私人による違法行為である、あるいは加害者が特定されていないという理由などにより）でも、その行為自体によるのではなく、条約（米州人権条約）が求めているように人権侵害を防止し、すでに起きた人権侵害に対処するための当然の努力を怠ったという理由で、国際的には国家に責任が及ぶことがある」としている[8]。

さらに同裁判所は、「国家には人権侵害を防止するために妥当な措置を講じ、様ざまな手段を駆使して裁判権の及ぶ範囲内で起きた人権侵害について本格的に捜査を行ない、責任ある者を明かにし、適切な処罰を行ない、被害者に対して適切な補償がなされることを保障する法的義務がある」と述べている[9]。わずか1度だけの人権侵害や1度だけのおざなりの調査というだけで、当然の努力について国家の怠慢が成立するわけではないと同裁判所は指摘している。

国家による不作為は実に様ざまな分野で見られる。この中に含まれるのは、虐待に対する不十分な防止策と警察の冷淡な対応、虐待を犯罪として定義しないこと、司法におけるジェンダー・バイアス（偏見）、公正な刑事訴追を妨げる訴訟手続などである。暴力被害を受けた女性の多くは、法的な救済も補償も、不可能ではないにしても受けるのは難しいという思いを抱いている。女性に対する暴力にはいつも無責任と無関心がつきまとっている。

いかなる状況で国家が人びとを被害から保護するのを怠っていると言えるのか、どのようにして国家に被害の責任の一端を負わせるのかということに焦点を合わせたとしても、加害者本人の責任を見逃すということにはならない。すべての事件について、加害者は公正な裁判を受けて、罪に応じた刑罰を受けなければならない。

> 暴力行為が国際基準に定める拷問の概念に合致する性質と過酷さを備えており、しかも国家が有効な保護を与える義務の履行を怠っている場合には、家庭や地域社会で起こる女性に対する暴力は、国家の責任が問われる拷問に相当するとアムネスティは考えている。

# 第1章　家庭や地域での女性に対する拷問

1998年インドのチェンナイで
開かれた「ダリット」の
人びとへの暴力に関する公聴会での、
ダリット女性たち。
(「ダリット」の、文字通りの意味は
「壊れた人びと」で、カースト制度では
最下層である、"不可触賤民"を言い表す
俗語として知られている言葉である)。
ダリットの人びとは、
インド社会において不利な立場にあり、
ダリットの女性たちに対する暴力は
日常茶飯事である。

「突発的な怒りで歯がへし折られ、冷酷な暴力による脚の骨折。真夜中には恐怖の金切り声とともに一人の命が消えた。ケニアで見られるドメスティック・バイオレンスのあまりにもありふれた光景の中には悲しい話が点在する。たとえば、障害を負い貧困に喘ぐあふれんばかりの被害者たち、犯罪に迷い込んでしまうホームレスの子どもたち、恥辱の中で叫び声をあげる傷ついた心を抱えた人たち。死者は今も増え続けている。毎夜、致命的な暴力に命を落とす被害者が生まれているためだ」。

　これは、ある記事の要約である。記者はこれによって、評価の高いジャーナリストに贈られる賞を受けた[10]。女性の虐待について記事を書くことは賞賛を得るかも知れない。しかし、そのような虐待と実際に闘うには、時間、資源、想像力、政治的意思、そして女性の権利に対する揺ぎない信念に基づく行動が必要である。

　公人によるものであれ、私人によるものであれ、国家には、誰もが拷問や虐待を受けないことを、確保する義務がある。しかし、女性に適切な保護を与えるどころか、世界中の国家が、これらの虐待を大目に見て、隠ぺいし、黙認し、放置してきた。

　毎年、家庭や地域社会での暴力で、何百万人もの女性が命を奪われている。国連事務総長コフィ・アナンは2000年6月、5年前の第4回世界女性会議から今日までに、女性に対する暴力は、世界のほとんどの地域で違法とされてきた

が、現実にはそのような暴力が増えている、と認めた(11)。

　女性に対する暴力は差別に根ざし、そして差別を助長する。国家が女性に対して教育、シェルター、食料、雇用そして国家権力へのアクセスについての平等な機会を保障できていないことが、女性の虐待に対する国家責任のもう一つの側面である(12)。女性がずっと差別されてきたことが、意思決定に女性が十分に参加できない原因である。虐待に反対し、差別と闘う政策に女性が参画できるようにするためには、政治のあらゆる段階に女性の声を反映させることが不可欠である。

　貧しく、社会の隅に追いやられた女性たちは、とくに拷問や虐待を受けやすい。人種差別的・性差別的な政策や慣行が、彼女たちへの暴力を激しいものにし、さらなる暴力を助長している。また、男女同権を否定する社会的・文化的な規範が、女性に身体的・性的・精神的暴力を生み出している。それらの規範は、いずれも、女性への差別、つまり、女性であるというだけで一人の人間としての基本的人権を否定している。

## 家庭：恐怖の場

　「**女性にとって例外なく、暴力の最大の脅威は"見知らぬ危険人物"ではなく、知り合いの男性である。その男性は、多くの場合、親族の男性や夫である。この問題が世界各国であまりに似通っていることこそ際立つ**」。

　最近の主要な研究は、このように締めくくられている(13)。家庭における暴力は、まさに世界的な現象である。国によって暴力の形態には違いがあるとしても、暴力の苦難と原因は世界中で共通している。

### 拷問・虐待としてのドメスティック・バイオレンス

　コンゴ民主共和国(旧ザイール)の女性Kはある陸軍士官と結婚した。この夫は、繰りかえし何度も、Kを殴ったり蹴ったりし、拷問した。しばしば拷問は子どもの目の前で行なわれた。夫は何度もKを強かんし、彼女は性病に感染した。Kに銃を突きつけて殺害の脅迫をしたこともしばしばである。あるとき、彼はKの歯をへし折り、顎をはずし、激しく目を殴り縫合が必要なほどの傷を負わせた。彼女の鼻、首、脊柱、尻、足には後のちまで傷害が残った。Kは最終的

第 1 章

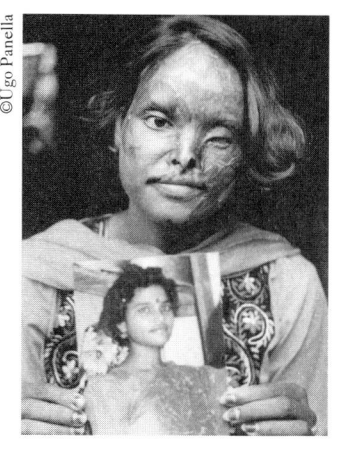

バングラデシュ出身のビナが
手にしている写真は、
顔に酸をかけられる前の彼女の姿だ。
ビナは現在、米国に滞在し、
大学の陸上チームで走者をしながら、
形成外科手術を待っている。
バングラデシュでは、毎年200人が、
酸をかけられ顔に火傷を負っているが、
多くの場合、求婚を断られた男か、
暴力的な夫によるものである。
このように美しさが奪われることは、
一生涯、強烈な苦痛となる。
多くの女性たちが酸によって
視力を失い、あごから頬、もしくは
唇から鼻にかけて永久的にくっついて
しまうこともある。
彼女たちの痛みと苦悩は、
夫や、家族や地域社会から、拒絶される
のではないかという
(もっともな)恐怖によって、
ますます増幅される。

に米国で亡命を求めた。彼女は、母国で警察に訴え出るのは何の役にも立たないと語った。その理由は、夫は国の支配者一族とコネがあり、しかも「コンゴでは女性は取るに足らない存在である」ためだということである。米国のある移民局審判官は、Kが受けてきた拷問を「残虐行為」と見なしたが、彼女の亡命申請は却下した。却下の判断は再審でも支持された。

　これまで、女性に対する家庭内での暴力は、市民的・政治的権利の問題ではなく、個人的問題と見なされてきた。現在、女性に対する暴力は国家の責任が問われる人権問題であることが、国際社会において明確に認識されてきている。

　世界銀行の計算によると、世界の女性のうち少なくとも20％は、身体的虐待か性暴力を受けたことがある。米国の公式報告によると、米国では15秒ごとに一人の女性が殴られ、毎年70万人の女性が強かんされている。インドでは、研究報告によると、既婚女性の40％以上が、蹴られ、平手打ちを受け、性的に虐待されている。夫の暴力の理由には、妻の炊事・洗濯への不満、嫉妬、その他の様ざまな動機がある[14]。ケニアでは、1998年から1999年の間に、少なくとも60人の女性がドメスティック・バイオレンスで殺され、エジプトでは35％の女性が、夫に殴られたことがあるとの報告がある[15]。何百万人もの女性にとって、家庭は楽園ではなく、恐怖の場である。

　家庭での暴力は、女性の身体的統合(訳者注：身体全体を一つのまとまりとして大切にすること)の権利の侵害である。そのような暴力は何年も続くことがあるし、時間とともに激化することもある。その暴力は、直接的な傷害だけではなく、長期にわたる深刻な健康問題を引き起こすこともある。身体的・心理的な影響は累積していくように思われるし、暴力が止んでからも持続することが

ある。家庭での暴力は、脅迫し、品位を傷つけ、屈辱的であり、自尊心を破壊する。

家庭での暴力には様ざまな形態がある。主にアジアの女性団体の努力によって、最近、ダウリィ（花嫁持参金）関連の暴力が注目を集めている。インドの女性の中で、ダウリィが原因で殴られ、焼かれ、あるいは身体的な虐待を受ける女性がどれほどいるのか、誰にもわからない。しかし、その規模については、インド政府の声明からうかがい知ることができる。その声明によると、1998年にダウリィに関連して殺された女性は6,929人と報告されている。

生活をともにする男性の手で暴力を受けている女性は、階級、人種、宗教、年齢を問わない。しかし、家庭での暴力について、とくに暴力を受けやすい層の女性たちも存在する。そこには、家事労働者や強制結婚させられた女性が含まれる。国家が家庭での暴力に対して防止と加害者訴追・処罰の措置をとらないならば、家庭での暴力は国家責任を問われるという意味で「拷問」として位置づけることができる。

**家事労働者への拷問と虐待**

家事労働者は、雇い主によって頻繁に虐待される。家事労働者の多くは外国籍である。不法入国した女性や人身売買された女性、あるいは入国書類を奪われた女性は、とくに虐待を受けやすく、法的救済を得るのが難しい。

サウジアラビアでは、家事労働者の女性の多くが、南アジアや東南アジアからやって来る。彼女らは、一般に社会から徹底して孤立させられている。雇い主は、通常女性のパスポートを没収し、家に閉じ込める。労働者は、本人の同意もなしに他の雇い主に売り渡されることがある。サウジアラビアの労働法が労働者に与えている保護は、家事労働者には適用されない。サウジアラビアでは、女性はマハラム（訳者注：兄弟や叔父など、その女性とは結婚できない男性親族）の同伴なしに公の場所へ出かけることは許されないので、家事労働者は助けを求めて家から出ることすらできない。

インドネシアの若い女性ナシロは、1993年に家事労働者としてサウジアラビアへ行った[16]。彼女がアムネスティに語ったところでは、ナシロは雇い主から性的に虐待された。さらに、雇い主が何者かに殺されると彼女は犯人に仕立て上げられ、それから2年に及ぶ隔離拘禁の間、警察職員から拷問と性的虐待

# 第 1 章

サウジアラビアで働く、
インドネシア人のナシロは、
雇い主と警察の両方から虐待を受けた。
彼女は、何の罪で有罪判決を受けたのか
知らされないまま、
サウジアラビアの刑務所で
5年も拘禁された。

を受けた。インドネシア大使館の職員は、一度も彼女を訪ねてこなかった。裁判はおざなりだったので、彼女は自分が有罪宣告を受けたことがわからなかった。彼女は今でも、いったい何の「罪」で5年間も投獄されていたのか、わからないでいる。

　世界のどの地域でも、家事労働者への虐待は、放置されている。米国にいる多くの家事労働者、とくに、正規の法的地位を持たない労働者は、パスポートを没収され、強制労働させられ、様ざまな虐待を受けている。英国では、身体的暴行や性暴力など、家事労働に従事する女性への虐待事件は、1987年から1998年の間に2000件以上も記録されている。その女性たちのほとんどは外国籍であり、入国資格では雇用先を変更する権利が認められていない。彼女らは今の雇い主のもとを離れれば、「不法滞在者」になってしまうのである[17]。

## 強制結婚での拷問と虐待

　女性や少女が結婚を強制されて拷問や虐待を受ける国ぐにもある。結婚の強制は、通常、両親によって行なわれる。強制結婚は、それ自体が人権侵害であるし、同意なき性交と身体的暴力へつながっていく。

　強制結婚は、結婚する権利に本来求められる両当事者の自由で完全な合意、という要件を踏みにじるものである。世界人権宣言は、「結婚は、結婚しようとする両当事者の自由で完全な合意によってのみ成立する」と述べている。さらに、強制結婚は、差別を受けない権利、個人の自由と安全の権利、奴隷的慣習を受けない権利などの女性たちの権利を侵害する[18]。

　性関係に同意できる年齢に達していない少女を結婚させることは、性的虐待を受けない権利を宣言する「子どもの権利条約」に違反する。そのような若年結婚は、ときには思春期前で一般的に見て未成熟な少女を、子どもへの性的虐待に相当する同意なき性関係に晒すものである[19]。

　強制結婚——当事者の片方または双方の同意なき結婚——は、多様な文化や伝統の中に共通して見られる。通常、同意を求められないか、不同意を表明し

ても無視されるのは、女性の側である。世界の多くの地域で、娘の意向を無視して親が、未来の夫の親と娘の結婚について交渉する。

パキスタンの大半の地域では、結婚しようとしている二人の男親同士で結婚「取り引き」の交渉を行なう。取り引きには、「花嫁の値段」が含まれる。この慣習には、奴隷制と多くの類似性がある。こうした見合い結婚を強制されるのはパキスタンの男性も同様かもしれないが、男性は自分の望む女性を第二婦人として結婚できるし、押しつけられた女性と簡単に離婚できる。もし若い女性が、両親が決めたことを拒否すると、しばしば身体的虐待を受ける。

たとえば、次のような話がある。パンジャブ州オカラの女性フマイラ・コカルは、父親の選んだ男性ではなく、自分の選んだ男性と結婚した。すると、彼女は両親の家に監禁された。彼女は脱出して夫と合流し、二人でパキスタンを離れようとしたが、カラチ空港で追いつめられ、拉致された。彼女は何度も殺害の脅迫を受けたが、おそらくは地域の女性活動家がタイミングよく介入したために、命を失わずに済んだ。彼女の夫は、次のように語っている。「カラチ空港で妻の親族が彼女のヴェールを剥ぎ取り、髪を掴んで空港のホールを引きずって行きました。彼らは私たち二人を殴りつけました。このひどい出来事は大勢の人たちが目撃していたのですが、みんなびっくりしてしまい、助けてはくれませんでした[20]」。

西側の国で生まれ育ち、二重国籍を持つ機会の多い南アジア系の若い女性は、親族によって拉致され、両親の出身国で結婚に同意していない見知らぬ男性と結婚することを強制されてきた[21]。メディアの報道によると、こうした出来事は、英国在住のアジア系女性の中では毎年1,000件にのぼる。典型的なやり方としては、若い女性は、病気の親族を見舞う、あるいは休暇を楽しむという建前で、両親の出身国へ行くように誘導されるか、強要される。到着すると、通常はパスポートを没収され、結婚式の日まで親族の家で巧みに監禁されてしまう。

## 「名誉」という名のもとの拷問と虐待

「私たち女性は、誰かに見られていることも知らず、一日中田畑で働き、暑さと日差しに耐え、汗をかき、骨の折れる仕事をしています。私たちは告発され、非難され、カリ(文字通りの意味は、「黒い女性」。不義の疑いをかけられた者)である

**と宣告され、殺されるのです(22)」**。これはパキスタンの若い女性の証言である。

　世界のすべての地域の国ぐにで、あらゆる年齢の少女や成人の女性が、名誉の名のもとに暴力を受けている。女性たちは、その振る舞いによって家族と地域社会に恥をかかせたとして告発される。告発の内容は、隣人の男性とおしゃべりしたことから、婚外の性関係にまで及び、男性がその女性の意思に反して行なったことも含まれる。性の行動規範に反したと勘ぐられるだけでも、名誉を傷つけたことになってしまう。名誉に関わる制度は情け容赦がない。疑いをかけられた女性は、自らを守る機会を与えられない。そして、女性の家族にとって、社会的に受け入れられるためには、その女性を攻撃して名誉を回復するほかにないのである。

　女性を商品——男性親族の財産——として扱うことが、女性に対するこの形態の暴力の原因の一つになっている。女性の所有権の譲渡を伴うような交渉の決定時や女性の純潔に疑問が生じたときには、女性への所有権が侵害されたことになる。名誉犯罪においては、被害者女性が悪者と見なされ、彼女を「所有」していた男性が、名誉を傷つけられた被害者となる。その結果、気の毒なのは所有者の男性のほうだとして、彼に対して地域社会の同情が集まる。

　拷問と殺人を含む、いわゆる「名誉犯罪」は、イラク、ヨルダン、トルコを含むいくつかの国で報告されている。加害者は、通常、自分の行為の正当性を確信しているが、ヨルダンでは、「名誉犯罪」に対して社会が少しづつこれを認めなくなってきている。おそらくは、王室が公式の場で明確に名誉犯罪を批判したことが、功を奏したためと思われる。

## 売買される女性

　女性にとって、拷問を受けない権利の侵害が、それだけで起きることはまれである。平等の権利の否定は、多くの場合、人種、民族、階級などに根ざした差別と複合し、さらなる虐待を助長する。貧困、教育の欠如、保健衛生面での不平等は、社会的・経済的な基本的権利の否定を招き、女性が救済を求めることも制限する。売買された女性が——人身売買であれ債務労働であれ——助けを求めた場合に、救済と支援を得られることはめったになく、あえて助けを求めれば、さらなる罰を受けることが多い。

## 人身売買された女性の拷問と虐待

「私は神経衰弱になっていました。私はここから逃げ出したくて、客の一人に助けを求めました。その客は、彼らの側についてしまい、私は売春宿の主人に殴られました。どこにも逃げられませんでした。窓には格子があり、一日中昼も夜も見張りがいましたから」。

ヴァレンティナは27歳のウクライナ人女性で、心理学者兼ソーシャルワーカーである。彼女がイスラエルに着いたのは1998年の8月だった。彼女は、自分はある会社の代理人として働くものだと信じていた。彼女は所持金・パスポート・復路航空券を取り上げられ、あるアパートに連れて行かれた。彼女はそこで2カ月間にわたり拘束され、売春婦として働くことを強制された。

「そこの環境はひどいものでした。ある少女は、地下室で8カ月間も働かされていましたが、湿気がひどくて、ついに彼女は結核になりました。ほとんどの少女は、性病など、様ざまな病気にかかっていました。私は、たとえ自分の敵側の人間だとしても、私と同じ経験をすることは望みません」。

ヴァレンティナはついに逃げ出すことに成功した。しかし、正式な書類もビザも持っていなかったので、1999年3月に逮捕された。彼女は、自分を売春宿の主人に売った男について証言するのを恐れた。その男は彼女の家族がウクライナのどこに住んでいるのか、知っていたからである。アムネスティがインタビューしたとき、彼女は、イスラエル当局が彼女をいつまで拘束するつもりなのか、いつになったら帰国が許されるのかについて知らなかった。

人身売買は、毎年、数十億ドルの商売になっている。国際犯罪組織にとっては、麻薬と武器に続く第3位の収入源である。国連は、毎年400万人の人びとが売買されていると確信している。ほとんどの政府は、この問題に注目し始めたばかりである。しかも、たいていは、人権の観点からというよりは法秩序の観点から注目している。

この問題は巨大な規模で発生している。2000年発行の米国国務省報告は、毎年4万5千人から5万人の成人女性と子どもが米国に人身売買されている、と伝えている。中国全土一斉の人身売買取り締まりでは、最初の1カ月だけで、1万人の女性と子どもの救出が報告された。当局者の話によると、女性たちは、南部の売春宿や、農民との強制結婚のために売られる手はずになっていた[23]。

女性たちは、搾取するための様ざまな目的のもとに、虚偽の宣伝を使って集められ、服従を強要され、移送され、売買される。その目的の中には、家事労働を含む強制労働、セックス・ツアー、強制結婚などの性的搾取がある。自分がすることになる仕事の内容について、まったく本当のことを知らされていない者もいれば、事実の半分ほどを知らされてそれを強要される者もいる。仕事の内容をすべて知っている者もいるが、労働条件までは知らされず、かといって、収入に望みを持てる他の仕事を選ぶあてもない。

売買された女性は、様ざまな人権侵害を受ける。その多くは拷問や虐待にあたる。性的搾取のために売買された女性たちは、性的に虐待され、強かんされることが多い。それは、性労働を強要するため、心理的にも情緒的にも破壊する目的で行なわれる。多くの女性が、逃げようとしたか、客とのセックスを拒否したために、その罰として殴られ、強かんされる。HIV感染者／エイズ患者となる危険があるにもかかわらず、女性たちはコンドームなしのセックスを拒否すると罰せられる。

売買された女性たちは、身体的暴力と同様に、違法な監禁、身分証明書類の没収、さらには奴隷化をも含む、様ざまな虐待を受ける。これらの虐待は、売買された女性に対する関係当局の公務員の対応によって、さらにひどくなる。女性たちは被害者ではなく犯罪者として扱われるのである。

人身売買は、「奴隷制度、奴隷取引ならびに奴隷制類似の制度および慣行の廃止に関する補足条約」など、いくつかの国際人権条約で禁止されている。女性差別撤廃条約では、次のように定めている「国家機関は、すべての形態の人身売買と、女性の売春からの搾取を根絶するために、立法措置を含むすべての適切な手段をとらなければならない」。2000年11月に国連総会で採択された国際組織犯罪条約には、「人身売買、とくに女性と子どもの人身売買の防止・根絶・処罰に関する選択議定書」が付属している。

### 借金で隷属状態にある女性に対する拷問と虐待

世界中で数百万もの人びとが、借金のために隷属状態で生活している。この人びとは、地主や雇用主からの借金を返済するために、無給で働いている。家族の病気、作物の不作、結婚式など出費の多い家族行事のため、必要に迫られて借金をすると、家族全体が隷属状態に置かれる。借金した家族は仕事場での

生活を強いられ、労賃を支払われるのは家族の長だけである。この労賃は家族全体の生活を賄えるような金額ではなく、家族はさらに借金を重ねることを強いられる。債務で働かされる労働者のほとんどは、文字が読めず、計算もできない。ローンを返済し終わってもそれを証明できず、ローンの何倍もの金額を、自らや妻、子どもたちの労働によって支払うことになる。債務労働者は売買されることもある。家族の絆どころか、家族はバラバラに売買される。借金で隷属状態になることは、奴隷類似慣習と見なされてきている[24]。

　債務労働者は、違法な監禁・虐待・脅迫によって隷属状態に置かれている。債務労働者の多くは、一日の仕事の後、「所有者」によって監禁される。ときには鎖で繋がれる。それは、彼らが逃げ出すのを防ぐため、もしくは彼らを罰するために行なわれている。

　地主とその部下は、当然のように、成人女性や少女を呼び出し、セックスを強要する。パキスタン出身のある女性債務労働者は、アムネスティに次のように語った。

女性労働者ネットワークの女性たち

「私たちすべての女性が集団強かんされました。彼らに呼び出されたときに、何ができるというのでしょうか。ときには彼らは夫や子どもの目の前で強かんすることも躊躇しませんでした。私たちの恥辱をまるで気にせず、ほんの10歳や11歳の少女も強かんしました。私たちの中には、強かんされ子どもを産んだ者もいました。夫たちは何もできません。夫たちはおとなしくしていなければ、監禁されるか、追放されるでしょう」。

## 地域社会における虐待

社会の期待に沿った生き方をしない女性は、多くの場合、追放されるだけではなく、暴力的な扱いを受ける。国連女性に対する暴力特別報告者は次のように述べている。

「**ほとんどの地域社会においては、女性の性的行動の選択肢は、同じ地域社会の男性と結婚することに限定される。地域社会で承認されないような選択肢──婚姻関係にない男性との性関係、異なる民族・宗教・階級の男性との性関係、異性愛以外の方法でセクシュアリティを生きることなど──をとる女性たちは、暴力と、屈辱的な取り扱いを受けることになることが多いのである**[25]」。

女性のセクシュアリティの管理と、女性に対する暴力との関連は、地域社会の規範に反した女性を罰することに留まらない。何百万人もの女性が、女性性器切除のトラウマと苦痛に苦しんでいる。

### 女性性器切除

女性性器切除（FGM）は、女性性器の一部または全部を切除することを指す。その内容は、クリトリスの切除と、場合によっては内陰唇、外陰唇の切除や縫合、そして排尿と月経出血のための小さな穴を残すのみとすることである。切除手術は、ときとして、大量出血、感染症、トラウマ、持続的苦痛を招く。将来、性交と出産を難しくすることも多い。多くの国ぐにでは、この慣習は女性の通過儀礼に関係している。報告によると、FGMは、ブルキナ・ファソ、チャド、ジブチ、エジプト、エリトリア、ガンビア、エチオピア、マリ、ナイジェリア、シエラレオネ、ソマリア、スーダン（の一部）などの広範な国ぐにで行なわれている。南アジアのいくつかのコミュニティからも報告されている。世界保健機

ケニアのナイロビにて、女性に対する暴力反対キャンペーンで行進した数百人の女性のうちの一人。手に持っているプラカードには、「お母さん、私に性器切除をしないでくれてありがとう」と書かれている。

関(WHO)によると、毎年200万人の少女が、この恐怖と痛みを伴なう経験をする。何らかの形態のFGMを受けた女性は、世界中で1億人から1億4千人ほどいる。

アフリカとその他の地域では、女性団体が、身体的統合の権利の侵害であるとして、FGMに反対している。反対する人びとは、FGMは女性の社会的地位とセクシュアリティを管理するためのもっとも暴力的な形態だと考えている。2000年8月、国連「人権の促進・擁護」小委員会は、各国政府が、「これらの慣習を完全に根絶するために、とくに教育・情報提供・リーダー養成を通して」世論を動かさなければならないと明言した[26]。

FGMを刑法犯罪とすることは、切除の施術を地下に潜らせ、未熟な切除者に行なわせ、FGMを受けた女性が起訴されることを恐れて医療支援を求めな

くなってしまうなど、様ざまな問題を引き起こす。タンザニアでは、農村部の少なくても85％の女性がFGMを受けているが、1998年、18歳未満の女性にFGMを行なうことを犯罪とする法案が可決された。しかし、FGMをなくすための他の方法はほとんど何もとられなかった。人権活動家の報告によれば、少女たちは国境を越えてケニアへ連れ出され、そこで切除を受けさせられている。あるタンザニアの活動家は、「FGM廃絶のための懸命な努力にもかかわらず、FGMの実態はひどくなっています。それは、高齢者と家族や仲間のいる地域社会から排除されるのを恐れる若い人びとによって、FGMが強く支持されているからです[27]」と述べている。FGMについて、マサイ人やチャッガ人のようないくつかの民族集団は、死後に祖先の霊に受け入れてもらうための重要な伝統だと考えている。ある人権団体は、マサイ族の中で、身体的切除を伴なわない通過儀礼を行なう実験を進めている。

　報告によると、マリでは約80％の少女や成人女性がFGMを受けている。マリでFGM廃絶に向けて取り組んでいる活動家は、殺害の脅迫を受けている。ファトゥマタ・シレは次のように語っている[28]。

　「私は殺害の脅迫を受けましたし、私の家に対する（複数の）放火未遂事件もありました。自動車衝突事故にも3回遭いました。当地バマコのイスラム・ラジオは、毎日、私に対する呪いの言葉を放送しています」。

　現在、アフリカの多くの活動家は、男性を対象にFGMの残虐な性質を啓発することではなく、評判の高いFGM施術者の女性を対象に、健康へのリスクと実害を納得させることに注意を注いでいる。これと一体として行なわれているのは、施術者の女性が、今と同等の社会的地位の仕事で収入を得るための対策である。ギニアでは、啓発活動はFGMを大きく減少させた。ギニアでは女性活動家によるキャンペーンが14年以上も続けられている。そして2000年8月、伝統的にFGMを行なってきた数百人の施術者が、FGMの儀式で使ってきた特別なナイフを差し出したのである。

## 第 2 章　女性が拷問から自由になる権利を保障できない国家の怠慢

　ロディ・アダリ・アルボラダ・ペナは、16歳でグアテマラの陸軍将校と結婚したそのときから、激しい虐待を受けるようになった。救いを求める努力も無駄であった。夫は彼女を繰りかえし強かんし、背中を蹴って2番目の子どもを流産させようとしたり、顎の関節が外れるまで殴ったりした。さらに、刀で手を切り落とそうとしたり、性器を蹴ったり、彼女の頭で窓ガラスを割ったりした。夫は、自分の権力をふりかざし、自分は罪のない人を殺しても罰せられることはないと自慢し、彼女を脅した。彼女に対する虐待行為の多くは人前で行なわれたが、警察はどうやっても彼女を助けることができなかった。彼女が被害を申し立てた後、夫は3回の出廷命令を無視したが、罰せられなかった。

　ロディの体験は、世界中で国家が女性の安全を守る責任を怠っていることを示している。女性に対する暴力行為は、法律で犯罪として禁止されなければならない。しかし、これだけでは女性を拷問や虐待から守るには不十分である。

　国連女性に対する暴力撤廃宣言(31頁囲み参照)および1995年に北京で開催された第4回国連世界女性会議では、政府が女性に対する暴力を撤廃するために講じる施策を定めた[29]。これらの施策は、女性に対する暴力の撤廃が確実に行なわれることを保障するべく国内法を見直すことと、犯罪者の起訴を強く訴え、効果的な救済を与える司法制度へのアクセスを女性に保障すること、法執行官、警察官、および司法・医療・福祉職関係者を含む形で、女性に対する暴力撤廃政策を推進することを掲げている。これらの措置が実施されているかどうかは、女性を拷問から保護しようとする国家の意思と能力を測る一つの指標である。

　国連女性に対する暴力特別報告者が述べているように、「当然の努力の基準は、立法あるいは犯罪化に限定されず[30]」、政府職員の研修・訓練・教育、「ドメスティック・バイオレンスについての曖昧さをなくすこと」やその他の手段を含むあらゆる範囲のアプローチに及ぶ[31]。

フランス・パリのプライド・パレード（ありのままを祝う集会）で、レズビアンとゲイに対する人権侵害を訴えるポスターを手に持つアムネスティの会員。セクシュアリティに対する国や地域社会の規制のために、女性は暴力や品位を傷つける取り扱いを受けやすい。

2000年9月、レバノンのベイルート。数千人の女性たちが世界女性行進の一環として、女性の権利向上と性差別・性暴力反対を掲げて行進した。

　政府を含め女性に対する暴力を容認する者は、結果として女性を虐待している慣習や伝統は、その国家、あるいは地域社会の文化の真の現われとして尊重されねばならず、人権の見地から綿密な調査を受ける必要はない、と弁解することがある。しかし、そのような見方は、人権侵害とその正当化の背景に文化的慣習があることを認識していないことを表わしており、差別的な慣習を終わらせるために積極的に働きかけようとする意思が欠如していることを暗に示している。

　アムネスティは豊かな文化的多様性を喜んで受け入れ、多様性を否定するどころか、人権の普遍性はその多様性から恩恵を受けることができると確信している。異なる文化は、人権への理解を深めることに貢献する。文化の多様性が、その土地ならではの人権のありようや人権を表わす言葉をつくる。文化的多様性の重要性を認識すると同時に、アムネスティは生存に関する基本的権利、および拷問や虐待を受けない基本的権利を含むあらゆる人権の普遍性を守るべく断固たる立場を貫く。国家の義務とは、必要な場合には法律や教育

> **国連女性に対する暴力撤廃宣言**(第4章より抜粋)
> 　国家は女性に対する暴力を非難すべきであり、その撤廃に関する国家義務を回避するために、慣習、伝統または宗教的考慮に訴えるべきではない。国家はあらゆる適切な手段を講じ、女性に対する暴力を撤廃する政策を遅滞なく推進するべきであり、この目的のために以下のことを遂行すべきである。
> (a)女性差別撤廃条約(女性に対するあらゆる形態の差別の撤廃に関する条約)の批准あるいは加盟、または条約への留保の撤回について、これを実施していなければ考慮すること。
> (b)女性に対する暴力への関与をやめること。
> (c)女性に対する暴力行為を、それを行使するものが国家であるか、個人であるかにかかわらず、それを防止し、調査し、国内法に則って罰するというしかるべき努力をはらうこと。
> (d)暴力を受けた女性に対して行なわれた不法行為を処罰し、補償するために、国内法において刑事、民事、労働、行政上の制裁を規定する。すなわち、暴力を受けた女性に司法制度および国内法の規定により、彼女たちが被った被害に対して公正かつ有効な救済へのアクセスが保障されるべきである。また、国家はそのような制度を通して、補償を求める権利について情報を与えるべきである。
> (e)あらゆる形態の暴力からの女性の保護を推進するために、または、既存の計画にこの目的の規定を含めるため、とくにこの問題に関心を寄せる非政府組織から提供される協力を、それが適当である場合には考慮して、国内行動計画を開発する可能性を検討すること。

を通して伝統との折り合いをつけつつ、人権の完全な保護を保障することにある。女性に対する暴力特別報告者が指摘しているように、「国家には、結果的に女性に対する暴力となり、女性の品位を傷つけ、辱めるがゆえに、女性が自らの権利を完全に享受することを否定するような地域社会の文化的慣習に対処する積極的義務がある。国際基準では、たとえその慣習の支持者が慣習のルーツは宗教的信念や儀式にあると主張しても、その慣習を廃止する施策を取り決めることが求められている[32]」。

## 法改正をしない怠慢

　虐待された女性に対する法的救済を保障する義務を果たしていない政府が、世界の至るところに存在する。ここで言う性差別とは、虐待に対し適切で

©Viviane Moos/Saba/Network

女性が、襲われたときの用心として身につける防犯ベル。ドメスティック・バイオレンスから女性を保護するプロジェクトの一環として、米国ニューヨーク州のスケネクタディで、裁判所が夫によって深刻な危険にさらされていると判断した女性たちに対し、このベルを配布している。

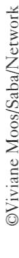

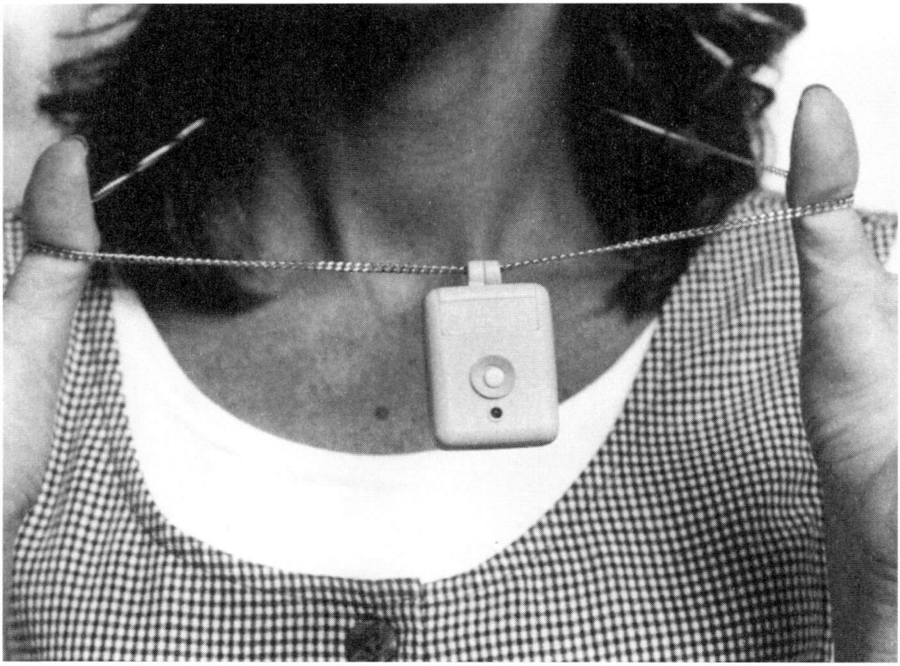

ない法律の存続と、警察や司法を含めた刑事司法過程の制度上の怠慢を含む。多くの場合、このような不履行が相互に補強し合っている。

女性に対する多くの虐待が、国内法においては刑法犯罪として取り扱われていない。多くの国で、強かんを規制する法律の内容は不適当なものである。大部分の国では、夫による強かんを法で取り締まっていない。女性の非政府組織「チェンジ」が行なった調査結果の中間報告によれば、世界中でたった27カ国だけが夫による強かんに対し法規制を行なっているにすぎない(33)。強制結婚は多くの国で犯罪として認識されておらず、人身売買は、被害者の権利保護の観点からよりもむしろ法と秩序、あるいは不法移民という観点から犯罪として認識されることが多い。

> 女性に対する暴力を禁止しない、あるいは、暴力行為に対し適切な法的保護を確立しない政府の怠慢は、国家による保護の怠慢の一部を構成している。女性に対する暴力行為は、それらが拷問の概念と性質を同じくし、過酷なものであれば、それは拷問であり、国家により有効な保護措置が行なわれていないことになる。

### 売買された女性に対する救済の欠如

　売買された女性は、世界の多くの地域で被害者としてよりもむしろ犯罪者として扱われるために、救済を受けることがとりわけ困難である(34)。人身売買とは、搾取を目的に暴力、誘拐、実力行使、詐欺、欺罔（ぎもう）、強制あるいは債務による拘束という手段で人間を募集し、移送し、売買することを言う(35)。

　1998年12月、売買された53人のアジア女性が、彼女たちを違法にカナダに連れ出し、そこまでの移動費用として借金の返済をさせようと売春を強要した売人、客引きとともに、トロントで逮捕された。女性たちは売春関連犯罪と移民法に基づく犯罪で告発された。売人たちは、拷問あるいは性奴隷の罪ではなく、それより軽い強制監禁罪で告発された。「女性たちの旅行関係書類を没収し移動を制限したうえで、400から500回にもおよぶ性行為により借金を返済することを強いる『契約書』が存在していたことから、法執行官は、女性たちを性奴隷として取り扱うことに躊躇した。女性たちがセックス産業で働く目的で移民することに同意したことを理由に、法執行官は、『彼女たちは自分たちが何に巻き込まれようとしているのかをちゃんと知っていた』と結論づけたのである(36)」。

　国連の人権委員会は、イスラエルで売買された女性の取り扱いについて、次のようにコメントした「多くは虚偽の要求や強制の結果、売春目的にイスラエルへ連行された女性たちが、人身売買の被害者として保護されることなく、イスラエルでの不法滞在について国外追放という罰を科せられようとしているのは遺憾である。この問題に対するそのような対処は、女性たちが、奴隷制度廃止条約第8条に定められる人権侵害に対する賠償請求を確実に妨げている。委員会は売人の発見と処罰、被害者のためのリハビリテーション・プログラムの創設、女性たちが加害者に対して法的賠償請求をできるように真剣に努力するよう勧告する(37)」。2000年7月、イスラエル議会は売春を目的とする人身売買を刑法犯罪とした。

パキスタンに住むこの女性たちは、強かんの被害に遭ったが、これを証明する目撃者を4人見つけだすことができなかったため、「姦通」罪で投獄された。パキスタン、カラチ中央裁判所の拘置所にて。

国連女性に対する暴力特別報告者は指摘する。
「反移民政策は、人身売買業者を手助けしている。……（中略）……融通のきかない排除政策は、違反に対する刑罰や国外追放といった厳しい処罰を通して行なわれるのだが、それが人身売買業者を直接潤すことになる。……人身売買経済は、需要供給と移民の違法性の結合により生まれるが、合法的な移民労働の機会が存在する状況下ならば、発達することはないであろう[38]」。

### 強かんされた女性に対する救済の欠如

インドでは、強かん事件の証拠に関する法律で「男性が強かん、あるいは強かん未遂で起訴された場合、訴え出た者は一般的に不道徳な人格の持ち主ということになる」と見なされている[39]。他方で、訴えられた側の人格が考慮されることはない[40]。この条項により、売春婦として働く女性が強かんに対する救済を得ることはほとんど不可能となる。加えてインドの法律では、警察が強かんを申し立てた女性を直ちに医学的な検査に送ることを求められていないため、医学的証拠が失われることがきわめて多い。

パキスタンでは、性虐待の通報について特殊な法律上の障害がある。強かんに関する法律では、強かん被害者側が同意がなかったことを立証できなければ、被害者自身がジナー（「姦通」）の罪に問われることになる。ジナーは死ぬまで石を投げつけられるか、公開の鞭打ちにより処罰される犯罪である。女性団体は、強かん被害者が自らを危険にさらすことなく被害を届け出ることができるよう、法律の改正を求めるキャンペーンを行なっているが、成功していない。このような状況について、アムネスティはパキスタン政府は女性に対する拷問の共犯者だと考える。

**救済を妨げる制約**

女性が、市民運動を起こし、主導権をとる権利や、法律上の権利についての制約は、暴力の被害を受けた女性が司法を利用することをさらに妨げている。

警察の助けを求めて家から逃げ出したサウジアラビアの女性は、兄弟や叔父といった男性の親族の同伴なく外出したことにより逮捕される危険がある。彼女たちは、たいてい逃げ出そうとしていた暴力的環境に引き戻されてしまう。パキスタンでは、農村部の女性で、自分の住む土地以外の世界で勝手がわかるものはほとんどおらず、お金を得ることもできず、自分の村以外の所を歩いたり、バスに乗ったりすれば、すぐに疑いの目を向けられる。

女性が自分で裁判所に行くことができない国もある。男性親族が彼女たちの利害を代表することになっているためである。たとえばサウジアラビアでは、女性が自分の権利を主張するために法廷に姿を現わすことは恥だと考えられている。

**不適切な法の対応**

実際にはさらなる人権侵害をもたらすような虐待防止法を、政府が成立させている事例がいくつか存在する。伝えられるところでは、スワジランド政府は2000年5月、強かんが前年比で10％増えているとの報告を受けて、強かんの容疑で有罪になった者を薬物投与などの化学的手段により去勢する法律を最終的にまとめた。この法案は残虐な、非人道的かつ品位を傷つける刑罰を禁止する基準に違反しているのみならず、強かんを単に性的満足に関するものとして扱っている。しかし強かんは本質的に「他者に対し力を行使する手段であ

る。性的不能の男性は、ビール瓶を使って強かんを働いている[41]」。

同様に、パキスタン政府は1997年3月、以前は25年の懲役刑が科されていた集団強かんの罪に対し、死刑を適用することにした。インド政府もこの犯罪に対する「人民主義的」な対応として、強かんに死刑を科する法律を導入した。アムネスティは、死刑それ自体が人権侵害と考える。集団強かんに対し死刑を導入しているどの国においても、その発生件数は減っていない。フィリピンでは死刑を待つ1,500人のうち少なくとも半数が強かんで有罪となっているが、強かんの通報件数は増え続けている。アムネスティは、司法上の身体刑や死刑といった人権侵害となる刑罰に断固として反対する。

## 捜査をしない怠慢——警察のジェンダー・バイアス

国際基準により、女性に対する暴力の訴えや届出は、迅速に、公平かつ有効に捜査されることが求められている。だが、残念なことに現実は異なることが多い。世界の多くの場所で、警察が女性により通報された虐待を捜査しないのは日常茶飯事であり、その暴力を犯罪行為あるいは人権上の問題としてでなく、警察には刑事責任を問えない家庭内の問題として扱っている。人種的、民族的あるいは宗教的に少数派に属する女性に対してはなおさらで、警察はしばしば「文化的に微妙な問題である」との建前、あるいは人種的偏見により、介入を躊躇する。

ジェンダー・バイアスを排除すべき国際的な義務があるにもかかわらず、警察内でのその存在が明らかに認識されることは、めったにない。当局がジェンダー・バイアスについての申立を調査することや、女性被害者を差別する警察官に対し適切な懲戒を行なうこと、またすべての警察官に女性に対する暴力への対応について研修・訓練を行なうことなどはほとんどない。多くの社会において、女性の暴力の被害者が男性警察官に自分の身体に加えられた虐待の

> 女性に対する暴力の申立について国家が捜査しない場合は、国家の保護不履行を構成する。女性に対する暴力行為は、それらが拷問の概念から見て、性質を同じくし過酷なものであり、さらに国家が有効な保護措置を施していない場合にそれは拷問と見なされる。

第 2 章

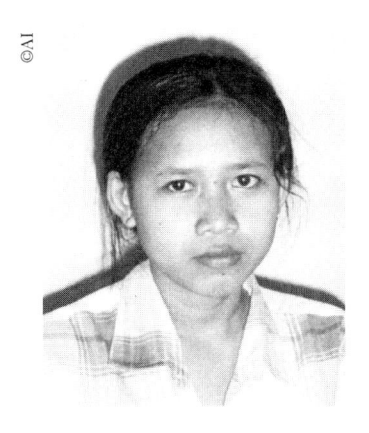

サウジアラビアで働いていた
インドネシア人の家事労働者、
カルシニ・ビンティ・サンディは、
彼女の雇い主から性虐待を受け、
助けを求めた警察官から脅迫を受けた。
彼女は2000年1月に、
インドネシアへ逃れた。

詳細を話すことは困難であるが、その対応に必要不可欠とされる女性警察官は、ほとんど雇用されていない。

警察は、女性に対して暴力をふるう者と同じ態度をとり、意識的であれ無意識的であれ、加害者をかばう傾向を持つ。さらに多くの場合、事件化するよりもむしろ、虐待された女性を家に送り返してしまう。警察にやってきたほとんどの女性たちがすでに、耐えられるぎりぎりのところまで妥協し、受け入れてきたことを認識しないままに、調停や和解を助言する。警察が被害者を辱め、その苦痛を和らげるよりもむしろ増加させている例は多い。

タイのドメスティック・バイオレンスに関する調査によれば、ひどく殴られた女性は社会で非難され、刑事司法制度から無視され、法的救済はほとんど受けられない。警察は、女性に暴力の後でパートナーと和解するよう忠告するのが通例である。女性が起訴を主張しようとするならば、通常、彼女たちは事件として扱ってもらうために賄賂を警察に贈らなくてはならない。調査によれば、警察や司法機関は、強かんや家庭内暴力を重要な事件とは見なしていない[42]。

インドでは、女性のドメスティック・バイオレンス被害者が警察に赴くと、暴力をふるった相手と妥協するよう圧力をかけられる。被害者が主張したとしても、警察は事件化に消極的である。事件の申立をする強かん被害者の多くは、嘲笑される。

虐待された女性は、様ざまな理由から警察に助けを求めることを嫌がる。英国の国内犯罪調査によると、大部分の女性は再三暴力を受けてはじめて、ドメスティック・バイオレンスの届出を行なう。虐待された女性の多くは虐待者をさらに怒らせることを恐れたり、恥を感じたり、あるいは自分にもいくぶん責任があったのだと思い込んで、傷を隠してしまう。カナダ政府の統計によれば、夫から深刻な虐待を受けた女性の75％が、事件を警察に訴えていない。

無駄だとわかっているから、女性が警察に助けを求めないということもある。サウジアラビアの女性は説明する「私の夫はよく暴力をふるいました。余

りにひどく殴られて病院で手当てを受けなければならなかったことが5回ほどありました。警察に行っても仕方ありませんでした。警察が何の助けにもならないことは、サウジアラビアでは誰でも知っています。彼らは私をただ夫のもとに送り返すだけ。とにかく、夫はとても高い地位にいる人間ですから、警察は関わりたくないのです[43]」。

　英国では、誘拐や強制結婚に対する危惧を警察に語った女性が、警察の怠慢に直面している。こうした事態は「根深いジェンダーや文化的偏見から生じる。とりわけ強制結婚の場合は"家庭の事情"、かつ宗教的に根づいた慣習、あるいは文化的慣習であるがゆえに外部の介入は必要ないという前提により存在すると思われる[44]」。ある事件では、誘拐のおそれを訴えているにもかかわらず、警察により家庭に戻された若い女性がインドに連れて行かれ、強制的に結婚させられた。最終的には、彼女は探し出され、英国に戻された[45]。

## 起訴および処罰をしない怠慢――裁判所のジェンダー・バイアス

　インドで、子どもの結婚を撲滅させようとして精力的に活動していた村落開発ワーカー、バーンワリ・デヴィは、1992年9月22日、ラジャスサンのバテリ村で自分より高いカーストの5人の男に強かんされた。当初、警察はデヴィの申立を調書にとることを拒否し、さらに彼女の医学的検査も拒否した。たび重なる抗議があって、ようやく政府により事情聴取が行なわれたが、伝えられるところによると、彼女にとって苦痛を伴なう、立ち入った事情聴取が行なわれた。聴取により彼女の申立は真実であることがわかり、5人の男に対し起訴状が出された。1994年11月に下級裁判所で審理が開始された。裁判所は、1995年11月に下された判決で、警察への彼女の申立が遅れて提出され、医学的検査が遅れたことは彼女が話をでっち上げたことを示すもの、と結論づけた。裁判所は、高位のカーストに属する男性は自分より低いカーストの女性を強かんすることはなく、したがってこの事件は起こりえなかったと判断した。男たちは集団強かんの罪を免れ、軽犯罪で有罪判決を受けるにとどまった。一貫して、彼女は地域社会の人びとや政治家たちにより、この事件を取り下げるよう圧力を受け続けた。

　裁判官も、被害者の女性が生きる社会の一部であり、その文化的価値や道徳

第 2 章

規範、偏見までも反映する。偏見を超越することは司法当局にとって不可欠であるが、女性に対する差別や暴力を人権問題であるとする認識がないため、訴訟指揮、決定、命令における偏見につながりやすい。

1999年2月、イタリアの最高裁判所(破棄裁判所)は、自動車教習所の男性教官が18歳の生徒を強かんしたとして有罪とした控訴裁判所の判決を覆した。最高裁は、被害者が犯行当時ジーンズをはいていたことを指摘し、以下のようにコメントした「常識です。ジーンズは、それを着用している者の積極的な協力がなければ、部分的にでも脱がすことはできません。被害者があらん限りの力で抵抗したとすれば、ありえません」。これにより、女性は合意のうえでセックスしたのであり、強かんは証明されないと法廷は判断し、この件を再審のために控訴裁判所に差し戻すとした。

2000年10月、スイスで行なわれた、世界女性行進の一環として、女性の権利向上を求めるデモ。

1997年6月、メキシコの最高裁判所は、夫による強かんは「不当な権利行使」にすぎないと判断した。この判断は後に、議会により無効とされた。

インドの全国女性委員会は、強かん事件で女性が直面する障害に関する1995～1996年の年次報告書の中で、「これらの事件のうち、裁判に持ち込まれるものは多くはありません。一つは当事者の羞恥心と名誉という観点から、もう一つには現に存在する困難かつ複雑な手続法のせいです。警察が一般に、強かんについての訴えに無関心であることも認められました。裁判に持ち込まれる事件でさえ、被害者が実際の犯行時と法廷の両方で受けているトラウマに対し、裁判所は配慮を欠いています。また裁判所は、強かんの被害者が、社会的な汚名を負い、疎外されることと生涯向き合っていかなければならないと

いう点に気づいていないのです」と述べている。

　フィリピンの女性が、強かんやセクシュアル・ハラスメントについて被害届を出すことはほとんどない。女性が警察に強かんを届け出て、それを裁判に持ち込むのは著しく困難である。メディア報道は、一般的に扇情主義的で立ち入りすぎており、事件が結審に至るには何年もかかる。裁判官は、理由の一つに、被害者の女性に性体験があったと考えられることをあげ、警察官が加害者であるケースも含めて事件を却下したと報じられている。

　司法関係者のジェンダー・バイアスは、強かんや性犯罪の規定や、合意の定義、必要とされる証拠の性質、被害者に対する反対尋問の規則など、法的枠組みに内在する問題により、さらに悪化している。そのような要素は、女性の被害者をさらに疎外し、彼女たちの人間性を貶めることも多く、これにより世界的に女性に対する暴力犯罪の有罪率はきわめて低くなっている。加えて、虐待事件に耳を傾ける女性裁判官の数は、世界のあらゆる地域であまりに少ない。

　世界の多くの地域で、強かんの被害を受けた女性の過去の性体験が法廷内で論議されるのを法が許している。それが彼女たちに屈辱と苦痛を与えるばかりか、被告人側に被害者を「ふしだら」と思いこませることになる。英国では2000年7月に法改正が導入されるまで、強かんあるいは性的虐待で訴えられ、代理人を立てなかった男性は、被害者に、ほとんど、あるいはまったく制限なしに反対尋問し、人前で彼女たちに苦しい体験を詳細に追体験させえたのである。

　ナイジェリアでは、強かんされた女性は裁判に訴えることができず、自分自身が罰せられることを恐れてその犯罪を届け出ることも思いとどまってしまう。人前での鞭打ちによって処罰されることもあるからだ。2000年9月の初め、17歳のバリヤ・イブラヒム・マガズは、北ナイジェリアのザムファラ州で180回の鞭打ちの判決を受けた。弁護人がつかなかった彼女は、3人の男が彼女を力ずくで襲いそのうちの一人が彼女を妊娠させたという主張を立証する証人を召喚することができなかった。彼女は婚姻外性交渉を持ったことに対し100回の鞭打ち、虚偽だとされた3人の男に対する告訴についてさらに80回の鞭打ちを宣告された。判決は彼女の出産後、2001年2月に執行された。

　2000年9月後半、同じくザマファラ州でアイシャト・ドゥッツィとその夫ハルナは、伝えられるところによると、村長が彼らの娘と性交渉を持ったという虚

偽の訴えを起こしたとして、公衆の面前でそれぞれ80回づつ鞭で打たれた。ナイジェリア連邦政府は、憲法で定められた権利が州裁判所により侵害された市民に対し、最高裁判所を含む上級裁判所で法的救済を求めるように勧告している。しかしながら、刑は有罪判決の直後に執行され、ほとんどの被告人は上訴する手段を持たない。連邦政府が無情な身体刑からそのような個人を保護するためにどのような行動をとったのかは定かでない。たとえば、処罰が行なわれるのを防ぐために、法廷で差止め命令を求めたかどうかは不明である。

多くの国で、法の裁きを求める女性たちはどうすることもできない経済的障害に直面する。教育を受ける機会を奪われているだけでなく、十分な所得がないために、女性たちは、虐待に対する法的救済や賠償を求めることが難しい。権利啓発プログラムや法的援助は、それがもっとも必要とされているところで不足している。いくつかの国では、腐敗が司法制度にまで浸透しているので、女性よりも金銭をたやすく提供できる男性のほうが、望む司法判断を得ることができる状況にある。

裁判官は、男性が女性を虐待することに対して寛大な見方をしがちである。その一方で、多くの裁判官は、女性の犯罪責任を審理する際に、女性が被った深刻なドメスティック・バイオレンスをその犯罪に関連するものとして考慮していない。1995年5月、インドラヴァニ・パメラ・ラムジャッタンは、1991年に内縁の夫を殺害したとしてトリニダード・トバゴで死刑を宣告された。裁判の間、弁護士団は彼女が何年も受けてきた殴打、死の脅迫、強かんを含む虐待と暴力の証拠を提示した。この証拠にもかかわらず、彼女は殺人罪で有罪、死刑の判決を受けた。1999年、上訴審は彼女の殺人罪を故殺罪に減刑し、彼女が殺人事件当時「バタード・ウーマン症候群（訳者注：長期的な暴力を受けた女性特有の症候群）」を患っていたことを示す精神病理上の証拠に基づき、13年の禁固刑を宣告した。

> 国家が女性に対する暴力に対し責任ある者を起訴も処罰もしないのは、国家による保護の不履行を構成する。女性に対する暴力行為は、それらが拷問の概念に相当する本質と過酷なものであり、国家が有効な保護措置を実施していなければ、それは拷問となる。

1999年11月、スリランカのある家事労働者は、雇い主とその2人の息子からの半年に及ぶ性的虐待に抗議して1冊のコーランを破き、ドバイで2ヵ月の禁固を言い渡された。彼女は虐待について裁判所に訴えて、逃げることができなかったと述べた。法廷職員はイスラム教徒でない召使いを雇っている家庭に対し、聖典を彼女らの手の届かないところに保管するよう忠告するという対応をした。彼女の強かんの申立に対し、起訴は言うまでもなく、事情聴取を行なったという報告もなかった。

## 救済に対する社会的・文化的障害

　女性たちは様ざまな理由により、救済を得ることができない場合がある。その理由の多くは、女性が経済的・社会的・文化的権利を奪われていることにある。

　世界の多くの場所で見られる経済的依存と福祉の不適当な配分により、女性は虐待に耐え続けることを強いられている。虐待された女性の多くは、行くところも、自分や子どもを養う金もなく、賠償請求のために法的代理人を立てる資金もない。虐待された女性は法的援助を得ることができないことが多い。社会的、経済的困難が、法的権利と刑事司法制度を知らないことと相俟って存在している。このため女性は自分に救済を得る選択肢があることに気がつかないことが多い。彼女たちは当然、警察によりさらに辱められることや、訴えれば加害者からさらにひどい虐待を受ける危険を恐れる。また自分、あるいは子どもが危険に晒されること、子どもの監護権を失うことを恐れる。たとえば、英国の犯罪調査によると、35回から40回の暴力的虐待を受けてからようやくドメスティック・バイオレンスを届け出る女性がほとんどである。

　世界中のNGO（非政府組織）が、女性の虐待被害者の援助と救済という分野で国家が担うはずの義務を肩代わりし、シェルター、心理面での援助、法的援助、一時的な経済的援助を提供している。しかし、NGOは資金不足に喘いでいる。たとえばフランスでは、政府が国全体でたった2本のホットラインの資金——1本はドメスティック・バイオレンスの被害者用、もう1本は強かんの被害者用——しか援助していない[46]。

　虐待された女性のためのシェルターは、国営であろうとNGOのものであろ

うと、ほとんどすべてに適切な資金源がなく、女性が必要としている援助を提供するには数があまりに少ない。サウジアラビアでは、女性団体が政府により管理されており、女性のためのシェルターは存在しない。パキスタンの国営避難所は、治安判事の命令があった場合にしか使用することができず、女性は拘禁に近い状態に置かれている。

女性のためのシェルターが不足しているため、虐待者が自由なままである一方で、女性たちが自分を守るために監獄に入るという事態が見られる国もある。ヨルダンでは、多くの女性の囚人が、家庭に戻っても安全だとは言えないために、刑期を終えた後でも刑務所に残っている。2000年6月、女性矯正・リハビリセンター所長は、「214人中35人の女性が現在、家族が彼女たちを虐待するかもしれないとのおそれから、保護を目的に獄中に留められている……半永久的に刑務所で過ごす女性もいれば、何の有罪判決も受けていない女性、あるいは刑期を終えた女性でも、身の安全が脅かされる危険を考えると釈放できない」と言う[47]。

ドメスティック・バイオレンスは身体に損傷を与えるばかりではない。女性の自尊心や、虐待に抵抗し救済を求めようとする意思までも奪い、破壊してしまう。女性が男性に対し従属的立場にあるという考えは、多くの文化の中で女性にさえも広く受け入れられ、"自然の秩序"、宗教、あるいは伝統により正当化されていると考えられる。南アフリカ共和国ヨハネスブルグ南部の人口過密市街地区における性暴力の研究では[48]、少女や成人女性、とくに貧しい女性が、驚くべき割合で性暴力や差別に堪え忍んでいることが明らかになった。インタビューを受けた女性の半数以上が、女性も性的虐待の責任の一部を負っていると信じており、若い女性の12％は、自分たちが虐待に抵抗できる権利を持っているとは信じていなかった。

女性たちは多くの場合、虐待を運命として受け入れ、静かに耐えている。実際、彼女たちは自分に向けられた危害に責任を感じている。多くの文化で、女性は父親や夫との関係の中でのみ社会的に定義されている。虐待を理由に家を去るには、並なみならぬ勇気が求められ、社会的孤立や、これまで受けてきた虐待以上の嫌がらせを受けることになる。女性は、離婚や家族関係の失敗、あるいは家族の崩壊という恥辱にも耐えなければならない[49]。

伝統的に、既婚女性は夫とのセックスに一生涯の合意を与えたものとされ、

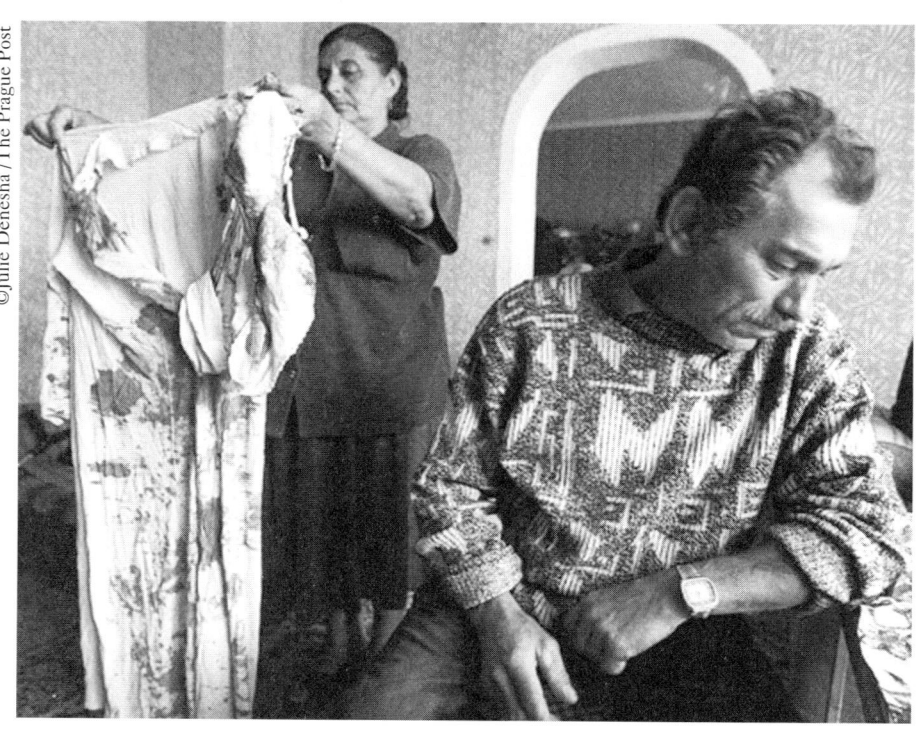

©Julie Denesha/The Prague Post

拒否する権利はないと考えられている。同様に、セックス産業に雇われた女性たちは、性交を拒否する権利を事前に放棄したものと見なされ、強制的な性交に抵抗することが不当だと見なされる傾向がある。インドの売春宿に売られた後、NGOにより救出され、家に連れ戻されたネパール人の女性は、残酷な人身売買の被害者というよりもむしろ不道徳であると見られ、地域社会から追放された。

　国家が女性の社会的・経済的・文化的権利を保障できないことで、さらに、女性が暴力行為に対して救済を求めることを難しくし、拷問と虐待を存続させている。

アナスタジア・バラノワの義理の姉が血まみれのネグリジェを手にしている。2000年8月20日、スロバキア北部ジリナのロマ（訳者注：ジプシー自身の自称）の家庭に3人の男が押し入り、アナスタジアと彼女の娘たちを野球のバットで殴打した。アナスタジアは3日後に死亡し、子ども2人が負傷した。
この事件に対して当局の反応は迅速だったが、政府は暴力的なロマ排斥運動の被害者を保護できず、加害者を起訴できなかった。
これにより、スキンヘッド・ギャング（訳者注：ネオナチ集団の俗称）によるロマへの民族差別的な暴力の拡大を助長している。

©Private

メキシコ。ヴィクトリアナ・ヴァスケス・サンチェス(左)は、
ゲレロ州バリオ・ヌエボ・サン・ホセ先住民族共同体で生活する50歳のミステク族の女性である。
彼女は1999年4月メキシコ軍兵士に強かんされたと伝えられている。
身内の若者と少年が穀物の収穫に出たきり戻らなかったので、彼女は親類の女性と一緒に捜しに出た。共同体の領地にほど近いところで、複数の兵士に捕まり強かんされたと2人の女性が申し立てた。
行方不明だった彼女たちの身内の2人は、2週間以上たってから遺体で見つかった。

# 第 3 章　政府職員または武装勢力による拷問

　女性は世界中の国ぐにで、警察官や兵士、その他の公務員により拷問されてきた。あらゆる年齢、民族集団、階級、宗教の女性が、拘禁中あるいは武装政治勢力の支配下で身体的暴力と性暴力を受けてきた。

　拷問は、非暴力的手段であれ、武器を用いたものであれ、既存の秩序に異議を申し立てる女性を、孤立させ罰するための政治的抑圧の手段として用いられてきた。しかしながら、公務員から拷問を受けた女性の大半は、刑法犯罪の容疑者である。

　多くの国ぐにで、刑法犯罪の容疑者あるいは法に触れたことで社会から取り残された女性たちが、激しい暴力やその他身体的および心理的虐待の犠牲となっている。多くの国ぐにで、女性は、その人種的・民族的・宗教的背景や貧困さゆえに、とくに拷問や虐待を受けやすい立場にある。

1999年11月、
コスタリカの最高裁判所の周りで。
女性たちが、女性に対する暴力の終焉を
求めて、喪服に身を包んでいる。

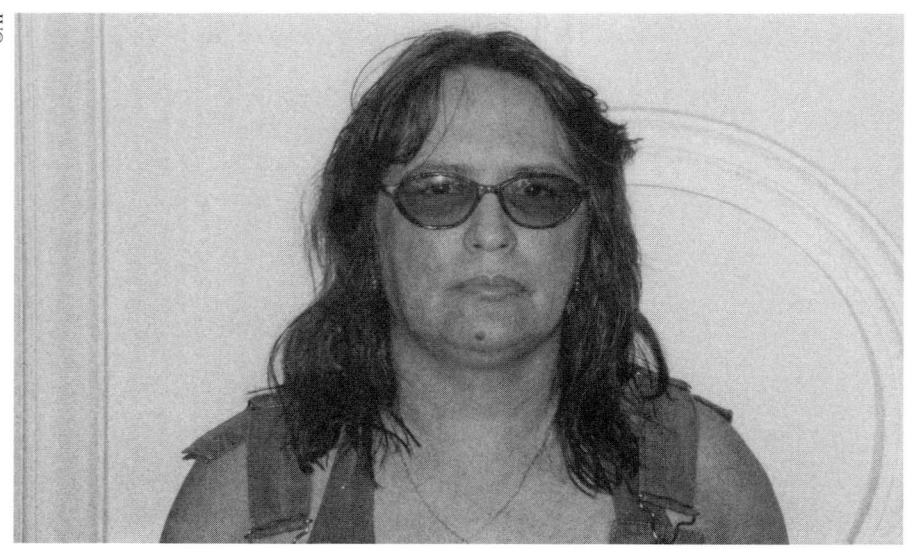

## 拘禁中の女性に対する拷問

　アムネスティは、拘禁中の女性に対する、警察官や看守、兵士その他の公務員による数えきれないほど多くの拷問や虐待事件を調査した。拘禁中の女性は、拷問者が考えだしたあらゆる恐ろしい方法で苦しめられてきた。彼女たちは殴打され、電気ショックや処刑のまねごとをされ、殺すと脅され、睡眠を妨害され、感覚を奪われてきた。宙づりにされ、足の裏を殴られ、窒息させられ、水の中に沈められたりした。

　多くの国ぐにで、公務員による性暴力は、女性に対する拷問や非人道的な取り扱いの事例によく見られるものである[50]。強かんやその他の性的虐待、または処女検査を行なったり、性的に不快な言葉を浴びせられたり、身体を撫で回すなどの行為が見られる。

　拘禁中の女性に対する拷問や虐待は、日常茶飯事である。2000年1月から9月の間だけでも、アムネスティは、バングラデシュ、中国、コンゴ、エクアドル、

ルシア・バイヴァ・デ・アルメイダは、ブラジルのリオ・デ・ジャネイロ郊外の自宅から、4年も外出できないでいる。ルシアと彼女の夫は、1996年、令状なしに警察に逮捕された。警察は、夫の窃盗事件への関与を認めさせようとして、署内の小さな部屋で、ルシアに対して身体的・性的拷問を行ない、早朝路上に放り出した。彼女への拷問について、誰も起訴されていない。ルシアには、パニック障害と動悸の症状があり、現在アムネスティが資金提供しているプロジェクトで治療を受けている。彼女は、「充分に回復したらまず、自分の息子と買い物に出かけたい」と話す。

エジプト、フランス、インド、イスラエル、ケニア、レバノン、ネパール、パキスタン、フィリピン、ロシア、サウジアラビア、スペイン、スリランカ、タジキスタン、トルコ、米国等の国ぐにおける事件を報告した。

米国での拘禁中の女性に対する拷問や虐待は、次のようなものである。殴打、強かんやその他の性的虐待、また妊婦や重病の女性を含む女性の囚人に対して、残虐な非人道的もしくは品位を傷つける取り扱いにあたるほどの制限を課すこと。さらに、治療を十分に受けさせないこと、劣悪な状態の独房へ収容すること、過酷で懲罰的な労働を課すことなどである。女性被拘禁者による性的虐待の申立には、ほとんど毎回、男性看守が関与している。国際基準に反して、多くの管区で、男性看守が女性用の拘置所や刑務所の収容者に自由に近づくことを許している。

中国では、多くの女性とくに移住労働者が拘禁され、売春の罪で訴えられ、強かんや性的虐待を受けている。警察は、売春の容疑で即時に罰金を科する権限があり、また売春婦やその客とされた者を最高2年間拘留することができる。警察がゆすりを行なうための「顧客」リストを手に入れる目的で、女性を拘禁、虐待していると頻繁に報告されている。このようなことが、近年日常的に行なわれ、様ざまな地域で多くの警察署の主な収入源になっていることが明らかになってきた。売春婦やその客であるとされた多くの者は、拷問や虐待を受け、拘禁中に死亡している。また、買売春の汚名や、虐待によって品位を傷つけられたことで、自分たちの人生を台無しにされたと思いつめて、釈放後すぐに自殺する者もいる。

フィリピンでは、警察に拘禁されている女性は、強かん、性的虐待、脅し、平手や拳による殴打、蹴りを含む拷問や虐待を受けやすい。社会の周辺に追いやられている人びと、中でも売春婦やストリートチルドレン（彼女らの多くは、家庭での虐待を逃れるために家出している）、麻薬常習者、貧困者はとりわけその危険がある。多くの場合、警察は浮浪者取締り法（これはとりわけ貧困者と女性を差別する法律である）を使って、女性にたかったり、性的な虐待を行なったりする。強かんを含むセクシュアル・ハラスメントや虐待は、刑務所でも行なわれている。

トルコでは、女性被拘禁者に対する拷問が広く行なわれている。アムネスティが繰りかえし報告を受けている拷問には、裸にして胸や性器に電気

ショックや鞭打ちを与えることや、強かんやその脅迫をはじめとする性的虐待などがある。

女性に対する拷問が行なわれている場所は、警察や刑務所、兵舎、その他公安関係の公的な建物だけではない。非公式あるいは秘密の拘禁施設、被害者の自宅内や近くの通りでも、女性は拷問を受けている。たとえば、コンゴでは、キンシャサで拘禁されている女性が、拷問、とりわけ強かんの被害を日常的に受けている。1999年、ジャニー・ブーシェ・ムワユマは、軍人一名と兵士数名によってキンシャサのキンタンボ地区にあるホテルに連れて行かれ、尋問された末に、強かんされた。

多くの国ぐには女性被拘禁者に対して、拷問や残虐な、非人道的なもしくは品位を傷つけるような取り扱いとなる刑罰を加えている。たとえば、サウジアラビアでは、「道徳罪」は、鞭打ちの刑で処罰される。この罪は、男性より女性のほうがより告発されやすい[51]。米国のある州では、女性被拘禁者は、華氏100度(摂氏38度)以上の気温下で、「監禁トレーラー」と呼ばれる8×4フィート(2.4×1.2メートル)の檻に、何時間も収容される刑罰を受けた。元囚人によれば、彼女らは、檻の中で立たされ、トイレに行かせてもらえず、そのため檻の中で排便や排尿をしてしまうこともあった。彼女らは、90分おきにホースで水を浴びさせられ、強制的に水を飲まされた。証言によれば、重労働を科されている囚人は、ゆえなく厳しい懲罰的な労働を強いられ、労働を続けられなかったという理由で檻に収容されることもしばしばだった[52]。テキサスの当局者は、非人道的な取り扱いを否定しているが、「割り当てられた仕事を拒否する者は、仕事中監禁トレーラーに収容する」ことは認めた。

拘禁中に暴力を受けた女性が裁判を求めるためには、長く非常に困難な闘いと直面することになる。一般的に女性の囚人にとって、不法行為を止めさせたり、犯人を裁判にかけたりするのは、途方もなく困難である。被害を訴えればま

1999年3月に、
トルコの警察によって拷問された
2人の若い女性の父親。
彼らの娘たちに代わって、
アムネスティのアピールを
手にしている。
ファトマ・デニス・ポラッタス19歳と
N.C.S.(訳者注：イニシャル表記)16歳は、
裸にされ、目隠しをされて
殴られた末に、性的虐待を受け、
ファトマは強かんの被害も受けた。

> **拘禁中の女性に対する性暴力**
> ● 看守、治安関係職員、軍人による女性被拘禁者への強かんは、常に拷問と見なされる。この他、法執行官が犯す性暴力には、拷問、残虐な非人道的もしくは品位を傷つけるような取り扱いとして見なされるものがある。
> ● 治安関係職員、軍人、警官による女性被拘禁者に対する性暴力を、「個人的」あるいは私的な行為と考えることはできない。国際機関および地域間機関が行なった決定の多くは、このような公務員による強かんは[53]、たとえ被害者の自宅で行なわれた強かんであっても、常に拷問と見なす、との合意を支持している[54]。
> ● 国際基準によれば[55]、被拘禁者による他の被拘禁者に対する性暴力もまた、拷問あるいは虐待と見なす。刑務所当局は、被拘禁者を守る責任がある。そして、女性と男性を分離収容する等の規定を守ることを保障できないならば、これは性暴力を黙認することと同じである。
> ● 男性看守が女性の囚人のボディチェックをするのを許したり、房内で彼女らが着替えたり、身体を洗ったり、シャワーを浴びたりしている様子が見える場所をパトロールすることを認めているのは、非人道的で品位を傷つけるような取り扱いにあたる。

た痛い目に遭うのではないか、あるいは捜査官は、看守が否定すれば自分の言葉を信じてくれないだろう、と被害者が恐れを抱くのも当然と言える。

報告された虐待の多くは、捜査さえなされていない。当局者が、拷問の申立を捜査せずにおくことは、拷問者を処罰しないままにしておくだけでなく、拷問によって引き出された供述が証言として使われた場合、不公正な裁判や不当な拘禁につながりやすくなる。

捜査が行なわれても、拘禁中の女性に対する拷問や虐待の訴えによって、加害者である法執行官が懲戒されたり有罪判決を受けたりすることはまれである。たとえ、犯罪が行なわれたことを示す決定的な証拠があったとしても、である。拘禁中の女性に対して強かんや性的虐待を行なった疑いのある法執行官は起訴すべきである、という政治上の意思がないために、免責の風潮を生み出し、女性へのさらなる人権侵害を助長する。

## 武力紛争下における女性に対する拷問

1999年と2000年にアムネスティが調査した武力紛争のすべてにおいて、強かんを含む女性に対する拷問が報告されている。兵士が、征服した相手側の女

シエラレオネ。この女性(38歳)は、1997年に、農場を攻撃してきた反乱軍に腕を切り落とされた。
彼女は今フリータウンにある四肢切断被害者向けのムレイタウン・キャンプで、義手をはめて園芸を学んでいる。

第 3 章

性を拷問してきた長い歴史がある。それは、征服とテロと報復の歴史である。武力紛争は、戦場にいる男性だけが関わっていることでも、ジェンダーとは無関係に破壊行為が行なわれるものでもない。人権団体や国際的および国内の裁定委員会が集めた証拠によれば、女性は女性であるがために標的にされており、また、多くの場合、女性に対する虐待は、とくにジェンダーのゆえに行なわれている。

　子どもを教育する役割を担う者として、また地域社会の象徴的存在として、女性は、武力紛争下で拷問を受けやすい。1994年にルワンダで集団殺戮が行なわれたときのツチ族の女性や、旧ユーゴスラビアのイスラム教徒やセルビア人やクロアチア人やアルバニア人女性は、ある特定の民族、国家、宗教集団に属しているがゆえに、拷問を受けた。

　武力紛争における女性への虐待には、多くの場合、性暴力が含まれている。性暴力は、身の毛もよだつような、殺人の儀式化された前触れとして行なわれることが多い。コンゴ民主共和国東部で、1999年から2000年にかけて起こった紛争のさなかに殺された多くの女性の死体は、衣服を身につけておらず、強かんの痕跡があったと報告されている。

ボスニア北東部トゥズラ難民キャンプの、イスラム系ボスニア人の女性たち。彼女たちは1991年から1995年の間に、旧ユーゴスラビアを引き裂いた紛争で、セルビア系民兵による組織的な強かんの犠牲となった。
彼女たちは、ボスニアでの戦争について「世界中に真実を知ってもらう」ために、写真撮影に同意した。

©Rex Features Ltd/Andrée Kaiser–Sipa Press

グアテマラでは、1970年代と1980年代の内戦中、マヤ族村民の大虐殺に先立って、女性と少女に対する強かんが行なわれた。たとえば、1982年12月、ペテン北部ラ・リベルタードにあるドス・エレス村に、グアテマラ軍兵士が入った。3日後、兵士が村を去るまでに、男性、女性、子どもをあわせて350人以上の人びとが殺された。女性と少女たちは、虐殺される前に集団的な強かんを受けた。この大虐殺の調査は、被害者の親戚や法医学

アルゼンチンの女性たちが、
「五月広場の母親たち」を代表して
ブエノスアイレスのナヴァル工学院の
前でデモをしている。
この建物は、1970年代～80年代初頭に、
拷問センターとして使われていた
悪名高い場所であるが、現在、ここを
取り壊して跡地に国家統一記念碑を
建てる計画が持ち上がっている。
この写真の女性たちは、これに反対する
デモを行なっている。

者のチームが、繰りかえし殺人をほのめかされたり脅迫されたりなどの妨害を受けた。18年後、目撃者による詳細にわたる証言があるにもかかわらず、だれ一人して法による裁きを受けていない。

　アルジェリアでは、1993年から、「イスラムグループ」と名乗る武装勢力によって何百人もの女性が誘拐され、拷問を受けている。とりわけ農村地域では、武装勢力は女性に対し自宅からの誘拐、捕虜、強かんの他、鞭打ち、たばこの火の押しつけ、殺すと脅すなどの拷問を行なった。その後、多くの人びとは殺され、あるいは一生障害が残るほどの傷害を受けた人もいた。武装勢力の複数のメンバーに強かんされた被害者もいた。

　シエラレオネでは、9年間にわたる国内武力紛争中、反乱軍が少女や成人女性に対して行なった強かんやその他の性暴力は、組織的かつ広範囲に及ぶものだった。紛争中に行なわれた手足の切断（とくに四肢切断）は、国際的に非常に注目されたが、性暴力はさらに広範囲で行なわれていた。反乱軍に誘拐されていた何千人もの少女や女性のほとんどが、強かんされ性奴隷になることを強いられた。性暴力は、幼い少女を含むあらゆる年齢の女性に対して行なわれた。1999年1月、首都フリータウンを襲った反乱軍に誘拐された当時11歳の少女は7カ月後に解放された。少女は自宅から引きずり出され、反乱軍が家いえを回って誘拐してきた他の大勢の少女と一緒にされた。反乱軍司令官の「妻」に選ばれなかった少女たちは、数えきれないほど多数の戦闘員に繰りかえし強かんされた。

　シエラレオネの強かんの被害者のほとんどが、苦しい体験で受けた身体の傷を治すために医学的治療を受ける必要がある。2000年5月北州のマケニの町から逃げた29歳の女性が、その1カ月後アムネスティの調査員に次のように話した「私はまだ授乳していたのに、反乱軍兵士5名によって強かんされました。今も出血しています」。強かんの被害者は、ほとんど性病に感染しており、多くはHIV感染者／エイズ患者である疑いがある。強かんによる妊娠や出産の件数は判明していない[56]。

　武力紛争下では、警察や司法の機能が崩壊した状況の中で、拷問が行なわれている。女性に対する暴力を規制する力が失われているのだ。また、女性は、紛争による苦難と剥奪のために、意に反した性交渉を持つことを強いられる。武力紛争とその結果としての難民化が、女性に対するドメスティック・バイオレ

ンスを含むあるゆる暴力を助長している(57)。

　戦争中の女性に対する暴力は、偶然起こっているのではない。それには、様ざまな目的がある。たとえば、恐怖感を煽ったり、社会を不安定にすることで抵抗運動を潰したり、兵士に褒美を与えたり、あるいは情報を引き出すなどの目的に使われる、戦争の武器なのである。また、拷問を含む女性への暴力は、民族浄化や、集団殺戮の方法として用いられてきた。アムネスティが調査したほとんどのケースで、軍隊が、女性に対する暴力をこれらのうちのいずれかの目的で行なっていたことを示す証拠がある。

　武力紛争で拷問の被害を受けた女性は、医学的治療や法的救済を受けられないことが多い。旧ユーゴスラビア、ウガンダ北部、コンゴ東部、インドを含む地域で行なわれた調査によって、被害者のほとんどが社会的に非難されたり、夫に拒絶されたりすることを恐れて、強かんの被害を認めることができない実態が明らかになった。また、この恐れが十分に根拠のあるものであることを示す証拠がある。強かんの被害を受けた女性は、結婚相手を見つけることができないし、既婚者ならば夫に棄てられることも多い。

## 紛争を逃れようとする女性に対する拷問

　多くの女性と女児にとって、紛争地域から安全に逃れる手段はない。船で逃

---

**失踪**

　戦争で疲弊した地域では多数の女性が親族を失っているが、その理由は親族が離ればなれになったまま行方知れずになる場合や、親族が殺された場合もあれば、親族が「失踪」、つまり当局が秘密拘禁する一方で、被拘禁者の身に起きていることや居場所をひた隠しにする場合もある。女性たちには親族に何が起こったのか、どこにいるのか、あるいは生きているのか死んでいるのかさえわからない。真実を知るには数年かかることもあれば、場合によっては一生続くかもしれない。一家の稼ぎ手が「失踪」すれば、経済的に非常に苦しくなる女性が多い。多くの場合、家財を売り払って家庭生活を続けることができないばかりか、立場が曖昧なため再婚することもできない。

　国際人権法のもとでは、「失踪」者の親族と扶養家族もまた「失踪」犯罪の被害者と見なされている。大多数の事例では、そのような親族や扶養家族は母親、妻あるいは娘である。国際人権機関と国際人権裁判所の見解によれば、「失踪」者の親族が受ける精神的な苦痛・苦悩は、それ自体が拷問および残虐な、非人道的もしくは品位を傷つける取り扱いまたは刑罰の禁止に反している(58)。

れようとする女性たちは頻繁に海賊に襲われている。陸路を移動する女性たちは、山賊、治安部隊、国境警備隊、密輸業者、他の避難民から襲われる。難民が国境を越えて逃れるためには、唯一密輸業者に頼らざるをえない場合が多い。こうした事情から、性行為と引き換えに手をさしのべてくる密輸業者に女性が虐待されるのは珍しくない。

　キャンプで生活している国内避難民女性や難民女性は、性的にも身体的にも虐待されることがある。キャンプの監視員も男性難民も、連れのいない女性や少女を男たちの共通の慰みものとみなすことがある。強かんされてしまった女性は貞節を失ったと見なされ、さらに被害を受けやすくなる。女性は身体に傷を負っても、心的外傷を被っても、適切な治療やカウンセリングを受けることができないままに耐えて生活していかざるをえない(59)。難民キャンプでは、ドメスティック・バイオレンスが段階的に拡大してゆく傾向が見られる。多くの難民キャンプでは生活環境が劣悪なため、女性に対する暴力

エリトリアの収容センターに
避難している女性と子ども。
ここに滞在している国内避難民は、
2000年5月、エチオピアとエリトリアの
国境で、新たに勃発した戦闘を
逃れてきた。
世界中の難民と国内避難民の大部分は
女性と子どもである。

がますます起こりやすくなる。つまりキャンプは過密なうえ、その構造と立地条件ゆえに、キャンプの内外からとくに女性が襲われやすくなっている。女性は物資の配給でもサービスの提供でも差別的な扱いを受けているために、苦しい生活で身体が弱った女性難民に対して性的虐待が起こりやすい。

　女性が外国に逃れて難民の申請を行なおうとしても、安全を求める前途には相変わらず困難が立ちはだかっている。多くの政府は難民を保護する責任を回避したいと望んでおり、難民の地位を得られる資格のある者をますます限定している。多くの国では、武装反政府集団に迫害された人びとに対して難民の地位を認めていない。また、私人による拷問に対して政府が保護できない場合、亡命を認める国はほとんどない。

**免責はなくなるか？**

　女性への暴力に対する免責は、いかなる状況のもとでも問題である。しかし、紛争地域で女性が人権侵害を受けたという理由で裁判に訴えることはとくに難しい。それは複数の理由が互いに補い合いながら、事実上強固な免責の網を張り巡らせているからである。そのような理由とは以下のとおりである。女性への様ざまな暴力に対して地域全体に無関心の土壌があること。戦時中は強かんやその他の暴力は避けられないものだという暗黙の了解があること。虐待の事実を表沙汰にした者への脅迫と報復があること。戦時中に起きた犯罪の訴追を妨げる特別法が国内に存在すること。和平「取引」の一環として恩赦法が適用されること。これに加えて、各国政府は国際人道法に定める国家の義務、とくに普遍的管轄権の行使を渋っていることもその理由に含まれる。普遍的管轄権の原則によれば、拷問、人道に対する犯罪、戦争犯罪、ジェノサイド（大量虐殺）の被疑者に対しては、犯罪が行なわれた場所、被疑者の国籍や被害者の国籍を問わず、各国政府が裁判にかけることができると同時に、裁判にかけなければならない。また、すべての国家は以上の罪を犯した者の発見、逮捕、引き渡し、処罰について協力する義務がある。

　戦時中の女性への拷問は避けられないという考え方に対しては、世界中の女性団体から異議が申し立てられている。この異議申立は新たな訴訟手続への弾みとなり、旧ユーゴスラビア国際刑事法廷とルワンダ国際刑事法廷の設置に結びついた。たとえば、旧ユーゴスラビア国際刑事法廷では8人の男性が

> **女性難民申請者**
> * 1951年難民の地位に関する条約および1967年難民議定書による難民の定義は、集団全体が移動を余儀なくされ、集団内に共通の特性ゆえ、その構成員が人権侵害を受けるおそれがある状況にもあてはまる。
> * 武装集団による虐待であれ、私人による虐待であれ、虐待に対して国家が保護を望まないか、あるいは保護できない者に対しては、国際的な保護が与えられるべきである。
> * 性暴力とその他のジェンダーに基づく虐待は、1951年難民条約の趣旨に照らして迫害の一形態にあたる。何びとも拷問または迫害を受けるおそれのある国に送還されるべきではない。

起訴されたが、そのうちの数人はボスニア在住の2人のイスラム教徒の女性を半年以上監禁し、組織ぐるみで繰りかえし強かんしたと報告されている。強かんと性的奴隷が人道に対する犯罪と見なされたのは、旧ユーゴスラビア国際刑事法廷が最初である。旧ユーゴスラビア国際刑事法廷でもルワンダ国際刑事法廷でも、性暴力と強かんがジェノサイドの犯罪を構成するものとして起訴を行なった。こうした起訴はその上官だけでなく性暴力の実行者に対しても行なわれた。1998年9月2日、ルワンダ法廷では、ジェノサイドから逃れようとする多数のツチ族の女性が、武装した民兵によって組織的に強かんされた事実が認められた[60]。判決で裁判所は、強かんと性暴力は特定の集団を絶滅させるために行なわれた場合、ジェノサイドを構成することを強調し、性暴力はツチ族破壊の過程において「必要不可欠な」要素であったと判断した。

　国際刑事裁判所設置規程はジェンダーに配慮した視点を組み込んでおり、国際法に定めるもっとも重大な犯罪被害を受けた女性が裁判に参加できるとともに、女性が法廷で役割を担えることを保障している[61]。アムネスティは各国政府に対して、国際刑事裁判所設置規程を批准するとともに、国際法の重大な違反に対しては、自国の裁判所が普遍的管轄権を行使することを認める法律を制定するように要請している。

## 武力紛争下の女性たち

＊ 性暴力を含めて、女性に対する暴力行為は、国際人権法のもとでも、戦争行為に適用される人道法(ジュネーブ・集団殺害罪の防止および処罰に関する条約〔ジェノサイド条約〕[訳注]とその追加議定書〕)のもとでも禁止されている。

＊ 国際慣習法のもとでは、(世界的なまたは国内の)紛争当事者が女性に加えた数多くの暴力行為は拷問にあたる。このような暴力行為には、強かん、集団強かん、誘拐、性的奴隷、強制結婚、強制受精、強制妊娠、性器切除、強制わいせつ行為、およびその他多くの身体への暴力が含まれる。

＊ 武力紛争中の兵士による強かんとそのほかの性暴力は、現在では戦争犯罪と認定されている。

＊ 国際刑事裁判所設置規程に述べられているように、強かん罪には、危害を避けるため、また生活必需品を入手するため、あるいは事実上彼女の同意が拒まれるその他の理由から性行為を行なわざるをえない状況も含まれる。

＊ 性暴力が組織的に、または大規模に行なわれる場合、あるいは一般市民に対して大規模で組織的な攻撃の一部として行なわれる場合、人道に対する犯罪と見なされる。

＊ 武力紛争下での女性に対する拷問は、ジュネーブ諸条約の重大な違反にあたる。

＊ 女性に対する拷問は、ジェノサイド条約で定義されているように、ジェノサイドの一部になりうる。

＊ 女性に対する暴力行為のうち、拷問、戦争犯罪、人道に対する犯罪、ジェノサイドに相当する行為に対しては、普遍的管轄権が適用されなければならない。

[訳注]Geneva Conventions–Convention on the Prevention and Punishment of the Crime of Genocide

# 第4章　勧　告

　女性に対する拷問の種類、方法、原因、結果は明らかに被害者のジェンダーに左右されている。したがって、女性に対する拷問と闘う行動計画は、それが効果的に実施されるために、ジェンダー問題に配慮した視点に基づかなければならない。

　女性に対する拷問は基本的人権の侵害であり、国際社会では人間の尊厳への侵犯であると非難され、国際法ではいかなる状況のもとでも禁止されている。ところが、拷問は世界中で日常的に続いている。女性に対する拷問に立ち向かい根絶するためには、速やかな対策が必要である。

　アムネスティ・インターナショナルは以下の勧告を実施することをすべての政府に要請する。また関心のある個人と団体が、アムネスティによる勧告の実施を確保するために拷問廃止キャンペーンに参加されるよう要請する。以下に掲げる勧告は実に様ざまな実践例をもとに作られている。項目によっては、拷問等禁止条約や女性差別撤廃条約を含む国際人権基準の中に見られるものもあり、あるいはいくつかの政府による適切な実践例から取り入れたものもある。項目の多くは、世界的に女性運動を繰り広げているNGOの経験や、女性に対する暴力行為を人権侵害として明らかにしようと、最前線で取り組んでいる人びととの経験の中から生まれたものである。

　アムネスティは、各国政府には、以下の勧告を実施する力があると信じている。勧告の大部分は莫大な資金を投入する必要がない反面、女性に対する拷問をもはや存続させてはならないという政治的な意思と信念を必要とする。以下に挙げる対策が実施されれば、各国政府は女性に対する拷問を終わらせる取り組みに加えて、全世界的な女性への暴力根絶運動に参加していることを積極的に示すことができるとアムネスティは考えている。

　しかし、ジェンダーに基づく差別に取り組まなければ、以下に挙げる方法によっても女性に対する拷問を根絶することはできないだろう。したがって、すべての人びとにそれぞれの役割があるとアムネスティは考えている —— 政府、政党、宗教団体、市民社会を構成するあらゆるグループ、そして個人にも。一人ひとりに、ジェンダー、年齢、社会的地位、人種、国籍、民族あるいは性的指向の区別なく、すべての人びとが平等であるために関わりを持つ責任がある。

## 1 女性に対するあらゆる暴力行為を非難すること

a. 各国は、法を執行する立場の者の行為であれ、私人の行為であれ、女性に対するすべての暴力行為を明確にまた、公然と非難すべきである。

b. 各国は政策および広報手段を改善することで、家庭でも社会でも拘禁中でも女性の安全を促進させるとともに、女性に対する暴力についての意識を喚起すべきである。各国は男女平等を促進しなければならない。

c. 各国は法的な知識普及のためのキャンペーンを展開して、女性の権利に関する情報を男女ともに提供し、とりわけドメスティック・バイオレンスについての教育を行なうべきである。

d. 当局は、家庭と地域社会で起きた女性への暴力発生率に関する最新統計資料を収集して発表し、幅広く配布すべきである。

## 2 女性に対する暴力行為を禁止し、適切な法的保護策を講じること

a. 各国は、公人によるものであれ私人によるものであれ、女性に対するすべての暴力行為を法律で禁止し、適切な法的保護策を講じるべきである。この種の暴力には配偶者による強かんなど、地域社会や家庭内で起こる行為も含まれる。

b. 各国政府は移民規定を含む自国の法律、規約および手続を定期的に再検討、評価、改正を行なうことで、女性に対する暴力根絶に実効性を確保しなければならない。各国は女性に対する暴力を許容する規定を廃止すべきである。

c. 各国政府は、法律上および実生活上の女性差別が、女性に対する拷問と虐待の要因であることを認識すべきである。拷問と闘うために、各国政府は自国の法律、規約および手続を定期的に再検討、評価、改正を行なうことで、女性が法律上差別されないことを保障し、女性差別撤廃の実効性を高めるべきである。各国は女性差別を許容する規定を廃止すべきである。

d. 各国は奴隷所有、債務労働および人身売買を禁止する法律を制定すべきである。各国は、刑法と刑事司法制度が売買された女性を犯罪者として扱うのではなく、人権侵害の被害者および証人になりうる者として扱うべきである。

e. 各国は、女性差別撤廃条約、市民的および政治的権利に関する国際規約、

経済的・社会的および文化的権利に関する国際規約、拷問等禁止条約、子どもの権利条約、人種差別撤廃条約を含むすべての関連条約を留保なしに批准し履行すべきである。

各国は、以上の条約を国内法に確実に反映させなければならない。また、女性に対する暴力撤廃に関する宣言を実効化すべきである。

f. 各国は女性差別撤廃条約の選択議定書を批准すべきである。この選択議定書には、人権侵害を受けた女性に国際的な救済を行なうという条件で、個人通報制度と同条約に対する構造的かつ恒常的な違反に関する調査が定められている。

各国は様ざまな人権条約が要請する報告の要件に従うべきであり、関連性のある、ジェンダーを重視した情報を含めなければならない。

g. 各国は、女性の移民労働者に対する暴力を減少させるために、国際労働機関（ILO）の移住労働者の権利に関する各条約を批准し遵守すべきである。

h. 各国政府は、国家が非政府主体の拷問から保護できない場合も含めて、女性と少女が拷問を受けるおそれのある国に強制送還されないよう保障すべきである。

難民申請者の拘禁は通常避けなければならない。拘禁が合法的であっても、当局は難民申請者が残虐な、非人道的なもしくは品位を傷つける取り扱いを受けないよう保障すべきである。

## 3　女性に対する暴力に関する、すべての申立を捜査すること

a. 各国は、法執行官、武装勢力、私人のいずれが犯したものであろうとも、女性に対する暴力に関するすべての通報について、公正で綿密な捜査が速やかに行なわれるよう保障しなければならない。

b. 法執行機関に対して次のような明確な指針を示さなければならない。暴力行為を通報しないように女性に働きかけることは容認できないこと、暴力行為が家庭あるいは地域社会で起きたとしても、または、拘禁中あるいは武力紛争下で起きたとしても、法執行官の職務は女性に対する暴力行為を捜査すること。

c. 各国は、虐待を受けた女性が、救済手続においてジェンダーへの配慮に欠

けた法律や執行手続あるいは政府職員によるその他の介入によって二次被害を受けないよう保障しなければならない。

　d. 各国は、虐待の被害を申し立てた移住労働者、または少数者コミュニティの女性を、法執行機関が差別しないよう保障しなければならない。

　e. 各国は、国際人権基準に従って女性への暴力に対処するための警察の権限を文書で明らかにすべきである。各国は女性に対する暴力の申立を効果的に処理できるように、ベテランから新人まで警察全体で訓練を行なうべきである。また、十分な数の女性警察官を採用すべきである。

　f. 各国は、証拠収集のための基準を遵守しながら、暴力を受けた女性の品位を傷つけることなく、しかも最小限の介入で済む捜査技術を開発させなければならない。

　g. 性的虐待を警察に申し立てた女性は、常に法医学専門のできれば女性医師の診察を速やかに受けられるようにすべきである。

　h. 各国は女性に対する暴力を専門に扱う警察の捜査官を任命し、女性に対する暴力の問題に加えて、法医学的な証拠の活用法について特別訓練を行なうべきである。

## 4　訴追と処罰

　a. 各国は、女性を法廷で証言させない、女性の証言に信用性を認めないなど、性差別的な規定をただちに廃止すべきである。

　b. 各国は、現行の司法制度が女性の暴力被害者を差別しているか否かを評価するために、女性に対する暴力犯罪の有罪率を調査すべきである。

　c. 各国は女性への暴力犯罪に関連する現行法制度の全般的な見直しを行ない、女性に対する暴力行為を訴追するうえでの実効性を確保すべきである。

　d. 各国はすべての裁判官と弁護士に一定の訓練を行ない、女性に対する暴力およびその原因と結果について理解度を高めるべきである。また、十分な数の女性裁判官を任命しなければならない。

　e. あらゆるレベルの裁判所に、性的虐待事件と強かん事件を専門に扱う検察官を配置すべきである。さらに任務にあたる検察官は、女性に対する暴力の問題について研修・訓練を受けなければならない。

## 5　適切な救済と補償の確保

a. 各国は病院内に特別チームや手続マニュアルを作り、患者の中に被害者を発見するとともに、被害者に治療および医療カウンセリングを行なうべきである。

b. 各国は、暴力の被害者が国家の保護を受けられるような仕組みを作り、保護命令などの厳格な執行を保障すべきである。

c. 暴力の被害に遭った女性が利用できる公営および民間施設の国内所在地リストを作り、その情報を各地の外科医、病院、その他の保健施設だけでなく、警察署、地方の裁判所に配布すべきである。暴力の被害を受けた女性向けに地元の関係機関の情報を複数の言語で提供し、出身国や民族にかかわらず、確実に自分の権利を知ることができるようにすべきである。

d. 暴力を受けた女性には、刑事手続に関する情報に加えて、自分の権利や救済の受け方に関する情報も提供されるべきである。

e. 各国は暴力の被害を受けた女性に緊急時の援助を提供すべきである。緊急時の援助には危機介入、被害者の自宅から医療施設やシェルター・安全な場所までの搬送、応急処置、緊急時の法律相談と専門家の紹介、危機カウンセリング、資金援助、育児支援、それに少数者や移民コミュニティ出身の女性向け特別サービスなどが含まれる。

f. 暴力の被害者とその扶養家族には、損害賠償、医療、リハビリテーションを含む補償を速やかに受ける権利が保障されなければならない。

## 6　拘禁中の拷問に対する保護

a. 各国政府は、拘禁中の女性に対する強かんと性的虐待が常に拷問、虐待の構成要素であり、容認することができないと公式に認めるべきである。性的虐待には、虐待するという脅し、処女検査、身体を撫で回すなどのほか、品位を傷つけ、恥ずかしい思いをさせる目的で行なわれる身体検査や卑猥な言葉を浴びせる行為が含まれる。

b. 軍、警察、刑務所の職員に対して、このような人権侵害を行なった者はだ

れでも速やかに裁判にかけられ、有罪の場合には、犯罪の重大性に見合った刑罰が科せられることをはっきりと告げなければならない(ただし、科される刑罰から身体刑と死刑を除外しなければならない)。

c. 女性の被拘禁者は(国連の被拘禁者取り扱い最低規則の規則8(a)に従って)、男性の被拘禁者とは別々に収容されるとともに、浴室やトイレを共同で使用してはならない。拘禁施設の職員が施設内の男女分離規則に従わないことは、女性被拘禁者に対する暴力を黙認することに等しい。

d. 国連の被拘禁者取り扱い最低規則の規則53に従って、女性の看守は女性被拘禁者の尋問に立ち会うとともに、女性の看守のみが女性被拘禁者の身体検査を行なうべきである。女性看守の立ち会いなしに、男性の看守と女性の囚人が接触してはならない。

e. 心身の苦痛を引き起こすような拷問や虐待を加えることを目的に、決して母と子を一緒に拘禁してはならない。子どもが母親から引き離される場合には、母親に対して子どもの居所をただちに知らせ、その後も継続して知らせなければならない。母親は子どもとの適度な接触を許されるべきである。

f. 強かんや性的虐待を受けたと申し立てている女性被拘禁者は、ただちに医学的検査を受けられるようにしなければならない。検査は女性の医師が行なうことが望ましいが、少なくとも女性職員の立ち会いのもとで行なわれなければならない。

g. 拘禁中に強かん、性的虐待、そのほかの拷問や虐待の被害を受けた人びとは、損害賠償およびあらゆる十分な治療を含む、迅速かつ公正で適切な補償を受ける権利を有するべきである。

h. 隔離拘禁は廃止すべきである。各国政府は、すべての被拘禁者が、拘禁後遅滞なく独立した司法機関に引致されるよう保障すべきである。被拘禁者は親族、弁護士、医師に遅滞なく接触でき、その後も定期的に接触できなければならない。

i. 各国政府は、被拘禁者が正規の拘禁施設のみに拘禁され、逮捕と収監場所に関する正確な情報が親族や弁護士、裁判所にただちに伝えられるよう保障すべきである。親族や弁護士が被拘禁者の収監場所と拘禁担当機関を速やかに把握して、被拘禁者の安全を確保するために司法機関の救済策を効果的に活用できなければならない。

j. すべての被拘禁者は自らの権利についてただちに告げられるべきである。この権利に含まれるのは、被拘禁者の取り扱いについて申し立てる権利、および拘禁の合法性について遅滞なく司法判断を受ける権利である。裁判官は拷問の証拠を審理するとともに、もし拘禁が違法ならば釈放を命じるべきである。取調べ中は弁護士が立ち会わなければならない。各国政府は、拘禁状態を被拘禁者取り扱いに関する国際人権基準に一致させ、女性にとくに必要とされる事柄が配慮されるよう保障すべきである。拘禁機関は取調べ機関と分離されていなければならない。すべての拘禁施設に対して、予告なしで制限を受けずに、独立の立場で立入検査が定期的に行なわれるべきである。

　k. 各国政府は、拷問によって得られた供述その他の証拠が、拷問の実行者を訴追する目的に使われる場合を除いて、いかなる手続にも採用されることがないことを保障すべきである。

## 7　武力紛争における女性に対する拷問の防止

　a. 各国は、すべての軍事関係者のほか、国連や地域の平和維持活動、人道援助活動の関係者に対して、ジェンダーに配慮した人権法と人道法に関する訓練を行なうべきである。各国は武力紛争における女性の拷問について一般向けの意識喚起活動を行ない、性暴力を含む女性に対する暴力行為が国際人権法と国際人道法で禁止されていることを強調すべきである。女性に対する暴力行為の多くは、拷問あるいは残虐な、非人道的な、もしくは品位を傷つける取り扱いとなる。それはまた、戦争犯罪や人道に対する犯罪となるだけでなく、ジェノサイドでもある。

　b. 武装反政府勢力を含む紛争当事者は、女性と少女に対する強かんその他の性的虐待を含む拷問が、いかなる状況のもとでも容認できないという明確な命令を出すべきである。

　c. 経済援助を行なっている国ぐに、人道援助を行なっている諸機関、各国政府は、暴力の被害を受けた女性向けにジェンダーに配慮した援助事業を採用し、資金を提供すべきである。

　d. 人道援助事業に関わるすべての組織では、援助内容がジェンダーに配慮したもので女性差別がない行動規範や指針を採用すべきである。とくに、暴力

の被害を受けた女性は治療と医療カウンセリングを受けられなければならない。援助事業の企画から実施に至るまで、女性の発言権が認められるべきである。

　e. 各国は、1949年ジュネーブ諸条約の第一追加議定書および第二追加議定書をただちに批准すべきである。

　f. 各国は国際刑事裁判所(ICC)設置規程をただちに批准するとともに、国内法はICCの要請に沿うようにしなければならない。

　g. 各国は普遍的管轄権の原則を実施すべきである。この原則によれば、犯罪が行なわれた場所、被疑者の国籍、被害者の国籍を問わず、拷問、人道に対する犯罪、戦争犯罪およびジェノサイドの被疑者を国家が裁判にかけることができると同時に、裁判にかけなければならない。

　また、すべての国家には上記の犯罪の関係者の発見、逮捕、外国への引き渡し、処罰に関して協力する義務がある。

　h. 各国は難民認定手続と難民保護に際して、ジェンダーに配慮した取り組みをしなければならない。武装勢力や私人による虐待を含めて、国家が虐待されている人びとの保護に反対したり、保護したりすることができない場合には、国際的な保護が行なわれなければならない。

## 8　人権擁護活動家

　a. 各国は、人権擁護活動家や弁護士、女性団体が、女性の権利についての意識を高め、虐待と闘うことで果たしている貴重な貢献を認識すべきである。

　b. 各国は、人権擁護活動家と人権団体が嫌がらせを受けることなく、また活動家本人と家族の安全を心配することなく、合法的な活動を遂行できるように保障すべきである。各国は、脅迫や嫌がらせを受けている人権擁護活動家だけでなく、公営と民営の女性用避難施設に警察の適切な警護をつけるとともに、処罰を念頭においてすべての脅迫事件を追求すべきである。政府と政府以外の人権擁護活動に対しては、十分な資金を提供すべきである。

　c. 各国は、1998年国連総会で採択された「人権擁護家保護のための宣言」(普遍的に認められた人権および基本的自由を社会において促進し擁護する、個人、集団および組織の権利および責任のための宣言[訳注])に盛り込まれた諸原

則を国内法に組み込み、実際に履行することを保障すべきである。
[訳注]Declaration on the Right and Responsibility of Individual, Groups and Organs of Society to Promote and Protect Universally Recognized Human Rights and Fundamental Freedoms

## 9　政府間組織

　a. 拷問と闘うことを目的とする国連の手続や仕組み、とくに拷問禁止委員会は、私人による女性への拷問を含め、とりわけ女性に対する虐待に取り組むべきである。

　b. 拷問の問題に取り組む政府間組織は、ジェンダーに配慮した活動をすべきである。このような政府間組織に関わる女性専門家を増員すべきである。この活動の関係者はすべて、ジェンダーに配慮した訓練を受けなければならない。拷問と闘う活動をしているすべての国連機関、その他の政府間組織は活動方法を改めて、ジェンダーに焦点を当てた包括的な社会状況分析を組み込むべきである。

　c. 拷問の問題に取り組んでいる国連機関、その他の政府間組織は、ジェンダーに基づく差別が廃止された実例の内容を明らかにし、これを整理したうえで活用するとともに、ジェンダーに焦点をあてた社会状況分析を、聞き取り調査や報告活動の際に利用すべきである。

# 第5章 あなたにできること

　この報告書に掲載されている事例は架空のものではありません。また日付からわかるように、決して過去のものでもありません。今もなお、世界中で多くの女性たちが言われなき刑罰や暴力に苦しんでいます。

　膨大な人権侵害のケースを読んで、きっとやり切れない悲しい気持ちになった方が多いと思います。その気持ちを忘れないでください。でも、ただ嘆いているだけでは状況は進展しません。傷つき、ひとりぼっちでいる仲間のためにも、今すぐ私たちができることがあります。リストにしましたので、ぜひ行動してみてください。

## 1　この報告書に掲載されている事例について活動できます
＊メキシコ：軍人に強かんされた二人の先住民族の女性のケース（46頁参照）
＊フィリピン：匿名のため写真はありませんが、警察官に強かんされた10代の女の子のケース（40、49頁参照）
＊イラク・クルディスタン（クルド人自治区）：「姦通」により妊娠したと疑われ、夫の名誉を汚したとして親類に拷問を受けた女性のケース（12頁参照）
＊ギニア：報告書にはありませんが、紛争下の女性たちへのケース（51頁参照）

　以上の4ケースについて、簡単な事例報告とそうした人権侵害について取り組みをしない政府や警察、裁判所などに対して、早期解決を要請するハガキ署名活動ができます。まずこの『女性アピールケースセット』（定価200円）をご購入いただき、ケースを読んで、付属のハガキに署名して、90円切手を貼ってポストに投函するだけ。そうしたハガキが世界中から何百万と集まり、当事国に対して国際的な圧力をかける仕組みです。

　私たち一人ひとりが踏み出せる一歩は小さいですが、その小さな力の集まりが大きな力になります。

## 2　もっと、真実を知ってください

　今もなお、多くの女性たちがひとりぼっちで暴力に耐え、あるいは誰にも知られないまま不当に殺されています。また、何十年も強かんの被害を誰にも言えなくて、小さな胸の内に抱えながら必死で生きている女性たちもいます。彼女たちを一人でも多く救うためには、まず真実を知ることが大切です。世界中

でいったい何が起きていて、仲間たちはいったい何に苦しんでいるのか——。すべての行動は、まず「知る」ことからはじまります。

　ジェンダーチームでは、一人でも多くの女性たちの被害状況を知ってもらうために、情報便『のら』（定価300円）を発行しています。『のら』では世界中で起こっている深刻な女性への虐待について報告しています。ぜひ手にとって真実を知ってください。

### 『のら』バックナンバー
（その他のテーマについては、お問い合わせください。いずれも、300円〔送料別〕で販売中）

29号　「フィリピン：恐怖、恥、免責：拘禁中の女性に対する強かんと性的虐待」
28号　「インドネシア：アチェの女性たち——処罰されない加害者——」
27号　「イスラエル：旧ソビエト連邦諸国からイスラエルのセックス産業へ売られた女性たちに対する人権侵害」
26号　「パキスタンの女性たち——名誉という名の暴力——」
25号　「パキスタン：進展しない女性の権利」
24号　「女性性器切除（Female Genital Mutilation）」
23号　「いわれなき刑罰——アメリカ合衆国：拘禁中の女性に対する人権侵害——」
22号　「まだ待たなければならないのか——女性の権利を求めて——」
21号　「変化のための共同行動——女性性器切除の根絶のために——」
20号　「バーレーン：拡大する女性と子どもへの虐待」

### アムネスティ・ジェンダーチームとは……

　アムネスティが取り組む人権侵害の中でも、とくに女性・LGBT*など、「性」に基づく人権侵害や差別などについて活動しているチームです。国際的なネットワークとも連帯をとりつつ、性に基づく人権侵害について、シンポジウムや勉強会、ワークショップなど様ざまなイベントを催します。また、性に基づく人権侵害に関するアムネスティの報告書を翻訳し、出版することも行なっています。この他にも、国別・テーマ別報告書を、『のら』という情報便にして発行しています。

　ジェンダーチームの活動について興味のある方や見学をしてみたい方、または『のら』や『女性アピールケースセット』のご購入を希望される方は、直接アムネスティ・インターナショナル日本事務所までお問い合わせください。電子メールの場合には、amnesty_gender-owner@egroups.co.jpまでご連絡ください。

*レスビアン・ゲイ・バイセクシャル・トランスジェンダーといった、様ざまな性的アイデンティティを持つ人びとの総称

# 注　釈

(1) 女性に対する暴力撤廃宣言は、このような暴力を「女性に対する肉体的、精神的、性的または心理的損害または苦痛が結果的に生じるかもしくは生じるであろう性に基づくあらゆる暴力行為を意味し、公的または私的生活のいずれで起こるものであっても、かかる行為を行なうという脅迫、強制または自由の恣意的な剥奪を含む」と定義している。

(2) アムネスティは人権侵害の報告において公平であり、世界的規模でそれを達成しようと努力している。本報告書は、アムネスティにとって新しい活動領域に焦点をあてており、ここで引用されている事例は、アムネスティがこの新しい領域で活動してきていることを反映しており、したがって、南アジア方面に重きを置いている。

　　私人による虐待に関する最近のアムネスティの出版物には以下のものがある。*Pakistan: Honor killings of girls and women* (AI Index: ASA 33/18/19), *Female Genital Mutilation: A Human Right Information Pack* (AI Index: ACT 77/05/97), *and Israel: Human rights abuses of women trafficked from countries of the former Soviet Union into Israel's sex industry* (AI Index: MDE 15/17/00).

(3) *Respect, Protect, fulfill – Women's Human Rights – State responsibility for abuses by 'non-state actors'* (AI Index: IOR 50/001/2000)より。

(4) 市民的および政治的権利に関する国際規約第7条についての一般的意見20より。

(5) *A v. United Kingdom*（application 25599/94）事件、1998年9月23日判決より。

(6) 「拷問等禁止条約第1条に定められた特別職権規定でさえ、拷問を国家公務員の行為に限定しており、その立案者が認識するよりもさらに柔軟に解釈される可能性がある」。国連国際法委員会〔ILC〕・国家責任に関する特別報告者J. Crawford氏による「国家責任に関する条文草案の修正について」(10 European Journal of International Law, 435-46 〔1999〕, p.440) より。

(7) E/CN.4/1996/53、第32節より。

(8) *Velásquez Rodríguez v. Honduras*, (ser.C.) No.4, 1988年7月29日判決第172段落より。

(9) 同上、第174段落より。

(10) ワンヤ N. ジシンジは、2000年4月にCNN年間報道記者賞を受賞した。

(11) AFP2000年6月5日号より。

(12) UN Doc. E/CN.4/2000/68、第54-60段落より。

(13) 2000年初め、米国ジョンズ・ホプキンズ大学人口情報プログラムは、50以上の人口調査に基づき、*Ending Violence Against Women*を発行した。

(14) "Scream quietly, or the neighbors will hear", *Indian Express*, 2000年8月29日号より。

(15) ユニセフ、*Domestic Violence Against Women and Girls* (2000年5月)より。

(16) *Saudi Arabia: Gross human rights abuses against women*, (AI Index: MDE 23/57/00) より。

(17) KALAYAAN: 家事労働者のための活動組織。

(18) 強制結婚は奴隷制同様の慣習であるという認識は、1956年採択の国際協定「奴隷制度、奴隷取引ならびに奴隷制類似の制度および慣行の廃止に関する補足条約」(奴隷制廃止補足条約)の中に見られる。

(19) Change, *Non-Consensual Sex in Marriage: A worldwide programme*, London: UK (2000年11月)より。

(20) *Pakistan: Violence against women in the name of honour*, (AI Index: ASA 33/17/99) 参照。

(21) 強制結婚を目的とする南アジア女性の拉致に関する法律問題の詳細調査に関しては次を参照。*Submission by the International Centre for the Legal Protection of Human Rights (INTERIGHTS), Ain O Salish Kendra (ASK) and Shirkat Gah to the Home Office Working Group: Information Gathering Exercise on Forced Marriages* (2000年3月)。

(22) Attiya Dawood, "Karo-kari: A question of honour, but whose honour?", *Feminista*, 2(3/4), 1999年4月号より。

(23) AFP2000年5月10日号より。

(24) 奴隷制度は、1926年の奴隷制条約において「その者に対して所有権に伴なう一部または全部の権能が行使される個人の地位または状態を言う」と定義されている。

(25) UN Doc. E/CN.4/1997/47（1997年2月12日）(訳者注：Report of Special Rapporteur on violence against women, its causes and consequencesより)。

(26) UN Doc. E/CN.4/SUB.2/Res/2000/10（2000年8月17日）第2段落より。

(27) Helen Kijo-Bisimba of the Legal Human Rights, Dar es Salam, Panafrican News Agency (2000年8月12日)より。

(28) Ruth Evans, "Cutting out a tradition in Mali", BBC News (2000年8月21日)より。

(29) 北京行動宣言および行動綱領、UN Doc. A/CONF.177/20 (1995) 第124-130段落より。

(30) UN Doc. E/CN.4/1996/53, 第141段落より。

(31) UN Doc. E/CN.4/2000/68, 第53段落より。

(32) UN Doc. E/CN.4/1997/47より。

(33) Change, *Non-Consensual Sex in Marriage: A worldwide programme*, London: UK (2000年11月)より。調査の最終結果は、本書執筆時点では入手不可。

(34) 国連女性に対する暴力特別報告者は、人身売買の被害者を犯罪者にしてしまう国の反移民政策の役割と、多くの政府が不法移民と人身売買を同一視していることを強調している。また、いくつかの国ぐにでは、オランダのように配偶者による強かんも一般の強かんと同じように禁止されている（E/CN.4/2000/68第43-46節より）。

(35) 国連女性に対する暴力特別報告者によるUN Doc. E/CN.4/2000/68, executive summary。越境組織犯罪に対する国連条約の新しい選択議定書(前記注参照)第3a条に規定されている人身売買の定義が有用である。

(36) UN Doc. E/CN.4/2000/68 第45段落より。

(37) UN Doc. CCPR/C/79/Add.93 最終見解および意見（1998年7月28日採択）第16段落

より。
(38) UN Doc. E/CN.4/2000/68 第61-65段落より。
(39) インド証拠法155(4)条より。
(40) インド証拠法54(1)条より。
(41) Dr. Rebecca Malepe、スイスの地域人権活動家。
(42) 世界銀行助成による調査。APF2000年5月9日号より。
(43) *Saudi Arabia: Gross human rights abuses against women*, (AI Index: MDE 23/57/00)より。
(44) *Submission by the International Centre for the Legal Protection of Human Rights (INTERIGHTS), Ain O Salish Kendra (ASK) and Shirkat Gah to the Home Office Working Group* (2000年3月) p.3より。
(45) Re KR, 1999[2] FLR 542.
(46) 総勢20名の有給スタッフがこれら2本のホットラインで働いている。République française, *Rapport sur la mise en oeuvre par la France des recommendations du programme d'action de la quatrième conférence mondiale sur les femmes: Pékin Plus Cinq* (1999年10月) 参照。これらの数字は、地方政府によるサービスの提供を含まない。
(47) AFP2000年7月7日号より。
(48) *Beyond Victims and Villains, The culture of sexual violence in South Johannesburg*：CIETアフリカおよびグレーター・ヨハネスブルグのヨハネスブルグ・サザン・メトロポリタン議会 (Africa and the Johannesburg Southern Metropolitan Local Council of Greater Johannesburg：CIET) の共同研究 (2000年6月に発表) による。
(49) "Effective check on trafficking of women urged", *Dawn*, Karachi (2000年5月6日号) より。
(50) AI and International Centre of Human Rights and Democratic Development (国際人権および民主主義開発センター：ICHRDD) による*Documenting Human Rights Violations by State Agents: Sexual Violence*, Montreal: ICHRDD, 1999年より。
(51) *Saudi Arabia: Gross human rights abuses against women*, (AI Index: MDE 23/57/00)より。
(52) *USA(Texas) – Allegations of Cruel and Degrading Punishment Against Women*, (AI Index: AMR 51/090/00) より。
(53) たとえば、国連人権委員会への報告書、1995年1月12日、UN Doc. E/CN/1995/34第189段落参照。
(54) 米州人権委員会Report No.5/96, *Fernando and Raquel Mejia v. Peru* (1996年3月1日) より。その決定において米州人権委員会は、警備員が女性を彼女の家で強かんした事件について、米州人権条約第5条により拷問に匹敵すると判断した。米州人権委員会は、国家公務員による強かんは、現行の国際法において拷問を構成する3点の要件を充たすと指摘した。
(55) 被拘禁者の取り扱いに関する最低基準規則 (1977年) 第8条は、異なる部類の被拘禁者は、その性、年齢、犯罪歴、その他を考慮して、別個の施設または施設内の区画に収容しなけ

ればならないと規定している。それに加えて、第9条(1)は「……一房または一室に二名の被拘禁者を収容することは、望ましくない」と規定している。

(56) 追加情報については、*Sierra Leone: Rape and other forms of sexual violence against girls and women* (AI Index: AFR51/35/00)参照。

(57) たとえば、*Sexual violence against refugees, Guidelines on prevention and response*, Geneva, UNHCR(国連難民高等弁務官)、1995年参照。

(58) たとえば以下を参照。

\**Quintero v. Uruguay*, Communication No.107/1981, Reports of the Human Rights Committee

\*アルジェリアに対する自由権規約委員会報告書UN Doc. CCPR/C/79/Add. 95(18/8/98)第10段落およびUN Doc. E/CN.4/1983/14第13段落

\*米州人権裁判所判決*Velásquez Rodríguez Case*(1988年7月29日)第155-6段落

\*米州人権裁判所判決*Blake Case*(1998年1月24日)第97段落

\*欧州人権裁判所判決*Kurt v. Turkey*(1998年5月25日)第134判決。

(59) 国連難民高等弁務官, *Guidelines on the Protection of Refugee Women, Geneva*, 1991年7月、34頁より。

(60) ICTR(ルワンダ国際刑事法廷)による決定(1998年9月2日)、*The Prosecutor v. Jean-Paul Akayesu; Case No. ICTR-96-4-T*より。1998年10月、被告人は終身刑の判決を受けた。

(61) *The International Criminal Court: Fact sheet 7–Ensuring justice for women* (AI Index: IOR 40/08/00)より。

# 『傷ついた身体、砕かれた心―女性に対する暴力と虐待』解説
## 戒能民江（お茶の水女子大学教授）

　本書は、世界的な「拷問廃止キャンペーン」の一環として、アムネスティ・インターナショナルが発表した報告書の日本語訳である。本書は、私人によるものか公権力によるものかを問わず、女性に対する暴力に国際人権法上の「拷問」概念をあてはめて、女性に対する暴力の本質と被害の重大性を明らかにし、女性に対する暴力を容認してきた国家の不作為責任を厳しく問いかけている。

　とくに、家庭内や地域社会など私的領域での女性に対する暴力が、暴力の性質と過酷さにおいて拷問等禁止条約などの国際基準に該当し、たとえ国家が直接の拷問の主体でなくとも、被害者保護や防止について「当然行なうべき努力」を行なっていない場合は、「拷問」として国家の責任が問われるとしたところに、本書の主張の核心がある。

　「拷問」ということばの持つ政治的かつ過酷な響きは、おそらく、日本ではまだドメスティック・バイオレンスとすぐには結びつかないであろう。つい最近まで、個人的な夫婦げんかや男女間のトラブルとして放置され、110番しても警察は介入しようとしなかったのである。被害の実態すらまだ十分に明らかにはなっていない。

　遅ればせながら、日本でも「女性に対する暴力」が政策課題にあげられ、このほど配偶者暴力（ドメスティック・バイオレンス）防止法が制定された。だが、残念ながら、女性の人権侵害としての「女性に対する暴力」根絶へ向けた国の断固とした意思を法律内容や政策から読み取ることは難しい。

　「女性に対する暴力」は国際的な女性の人権運動が創造した新しい概念である。強かん、性的虐待、ドメスティック・バイオレンス、セクシュアル・ハラスメント、拘禁中の暴力、人身売買など、女性たちはあらゆる形態の暴力を日常的に経験している。しかし、それらは個人的な問題であるとされ、国家は加害者の責任を問わないことで暴力を容認してきた。

　国際女性の人権運動は、世界中の女性たちからの告発を通して、女性に対する暴力が力による女性支配のメカニズムであり、私的領域での暴力も国家が対応に責任を持つべき人権問題であることを明らかにしていったのである。

　1993年の国連女性に対する暴力撤廃宣言は、女性に対する暴力が歴史的に形

成された男女の不平等な力関係によって生み出される社会構造上の問題であることを明記し、私的領域への国家の不介入を正当化してきた「公私二分論」を撤廃した。同宣言は、国家はあらゆる形態の「女性に対する暴力」に責任をもつのであり、「あらゆる適切な手段をもって遅滞なく暴力撤廃のための施策を推進」すべきとする(第4条)。また、女性差別撤廃委員会一般的勧告19は、女性に対する暴力が女性差別撤廃条約の禁止する「差別」であるとし、公的行為か私的行為かを問わず、国家の適切かつ実効的な措置を求めている。

1979年の女性差別撤廃条約によって、女性に対する暴力を含む具体的な女性問題を「権利」として構成し、個別に「女性の権利」を保障する道が開かれた。さらに、「女性の権利」を「女性の人権」とすることで、国家の責任ある「権利保障」を求めたのである。その場合、焦点は国家の不作為である。女性に対する暴力の被害がなぜなくならないのか。加害者の個人的要因があるとしても、決定的なことは国家が暴力を容認し、当然行なうべき必要な施策を怠ってきたことである。しかし、国家意思の転換は容易ではない。国際女性の人権運動は、国家の不作為責任を明確にする一方で、男性優位の国内政治の壁を、国際人権法のジェンダー化によって乗り越える戦略を選択したと言える。

国連女性に対する暴力特別報告者ラディカ・クマラスワミは、私的領域での女性に対する暴力問題では「当然の努力」を行なう国家の義務、平等な保護を行なわない国家の責任および女性に対する暴力が拷問の一形態であることの3つが国際人権法上のキーポイントであると述べている。

私的領域での女性に対する暴力は、その過酷さにおいて、まさに拷問の本質——制裁を与え、脅迫し、強制し、差別するために、身体的、精神的な激しい苦痛を故意に与える行為(拷問等禁止条約第1条)——を有しており、「女性の身体的統合」の権利の侵害である。他方、適切な対応措置をとらないこと、法律の欠陥および司法手続におけるジェンダー・バイアスの放置、さらには、社会的対応の欠如や女性の経済的・社会的権利保障の欠落は、「当然の努力」を怠るものであり、国家の責任が問われる。重要なことは、女性に対する暴力根絶への政治的意思と信念であり、性差別撤廃への取り組みなのである。

拷問と構成することにより、女性に対する暴力の本質と国の責任がさらに明確になった。本書が広く読まれ、女性に対する暴力根絶への取り組みがいっそう促進されることを期待する。

社団法人アムネスティ・インターナショナル日本

東京事務所：〒101-0054 東京都千代田区神田錦町2-2 共同ビル（新錦町）4F
　　　　　　TEL: 03-3518-6777　FAX: 03-3518-6778
大阪事務所：〒552-0021 大阪府大阪市港区築港2-8-24 piaNPO 509
　　　　　　TEL: 06-4395-1313　FAX: 06-4395-1314
E-mail: info@amnesty.or.jp
ウェブサイトURL: http://www.amnesty.or.jp/


アムネスティ・ジェンダーレポート1　女性に対する暴力と虐待
傷ついた身体、砕かれた心


2001年12月 1日　第1版第1刷発行
2005年10月30日　第1版第2刷発行
編著者………アムネスティ・インターナショナル
訳　者………アムネスティ・インターナショナル日本ジェンダーチーム
監訳者………戒能民江
発行人………成澤壽信
発行元………現代人文社
　　　　　　〒160-0016 東京都新宿区信濃町20　佐藤ビル201
　　　　　　電話 03-5379-0307　FAX 03-5379-5388
　　　　　　電子メールアドレス daihyo@genjin.jp（代表）
　　　　　　　　　　　　　　　hanbai@genjin.jp（販売）
　　　　　　ホームページURL　http://www.genjin.jp
　　　　　　郵便振替 00130-3-52366
発売元…………大学図書
印　刷…………シナノ
装　幀…………清水　徹、清水　恵

ISBN 4-87798-063-6 C0036
検印省略　Printed in JAPAN
©2001 Amnesty International Japan

本書の一部あるいは全部を無断で複写・転載・転訳載などをすること、または磁気媒体等に入力することは、法律で認められた場合を除き、編著者および出版者の権利の侵害となりますので、これらの行為をする場合には、あらかじめ小社または編著者宛に承諾を求めてください。

## 現代人文社の本···>http://www.genjin.jp

### 世界の人権状況を常に監視!
### アムネスティ・インターナショナルの人権報告書・解説書

### 個人通報制度って知ってる?
### 自由権規約選択議定書の実現をめざして
アムネスティ・インターナショナル日本支部国際人権チーム編著
(本体価格)800円　1998年3月1日発行　ISBN: 4-906531-44-X C0036
……「市民的及び政治的権利に関する国際規約(自由権規約)」の選択議定書を日本は未だ批准していない。これを批准すれば、被害者は直接国連に訴えることができる。そうすれば何がどう変わるのか、批准のためにどうすればよいのか、を具体的に解説。

### 難民からみる世界と日本
### アムネスティ・インターナショナル日本支部人権講座講演録
アムネスティ・インターナショナル日本支部編
(本体価格)1700円　1998年3月1日発行　ISBN: 4-906531-38-5 C0036
……日本で難民といえばインドシナ難民くらいしか関わりがないと思ってはいないだろうか。しかし、現在でも日本には多くの難民が来訪し、そして日本から海外に難民の救援に向かうNGOもある。そうした日本の難民制度や救援に関わる人々の講演録。

### 癒されぬ傷跡　拷問はいま……
アムネスティ・インターナショナル編
(本体価格)1700円　2000年12月1日発行　ISBN: 4-87798-031-8 C0036
……アムネスティ・インターナショナルによる20世紀最後のとくに世界の拷問・虐待に関する人権侵害報告書。国情を問わず150ヵ国以上で今なお続いている拷問の実態を60枚以上に及ぶ写真とともにまとめた。

### 拷問等禁止条約　NGOが創った国際基準
アムネスティ・インターナショナル日本支部編
(本体価格)900円　2000年4月1日発行　ISBN: 4-87798-018-0 C3032
……「拷問」?　そんなもの今の日本にあるわけないでしょ。どうして今さらそんな条約が必要なの?　そんな疑問に答える解説書が完成。日本にある拷問とはどのようなものか、また、この条約のそれだけにとどまらない可能性をコンパクトに詳解する。

ご注文は、現代人文社・販売部
(TEL: 03-5379-0307／FAX: 03-5379-5388／E-mail: hanbai@genjin.jp)まで